黃岳永 著

工作自主——組合你的SLASH人生

工作自主——組合你的 SLASH 人生
作者／黃岳永
策劃編輯／伍詠慈
美術設計／陳詩韻
出版發行／突破出版社
香港沙田亞公角山路 33 號突破青年村
電話：2632 0000　傳真：2632 0388
電郵：breakthrough@breakthrough.org.hk
網址：http://www.breakthrough.org.hk
http://www.btproduct.com
承印／海洋印務
2019 年 6 月初版 1 刷

Slash Life, Purposeful Life
by Erwin Wong
First Printing, First Edition, June 2019

Printed in Hong Kong
ISBN 978-988-8562-09-1

誠邀閣下就突破出版社的書籍發表意見
歡迎加入突破書籍 Facebook page — http://www.facebook.com/btbooks.page
本書採用環保油墨印刷

生 活 與 輔 導

關懷、連繫、復和、

溝通、對話……

凝視心之脈動，

直到重新尋獲自己的心。

目錄

三、你的優勢在哪裏？

四、斜槓職人的裝備

【Slash】

【Slash 斜槓青年】

美國 *New York Times* 專欄作家 Marci Alboher，定義斜槓青年為 one person multiple careers（同時間擁有多重職業）的人。因為這些人會用 slash（斜槓）/ 區分不同職業，所以稱為 slash。

【Casual Worker 炒散 / 散工】

指臨時的、非正規的工作，即散工。時下術語稱這些做臨時工作的人為「炒散」。

【Side-gig 兼職】

類似散工、兼職，或俗稱「秘撈」，即正職以外的受薪工作或兼差。

序：自主生活

你有無想過自己的生活和工作目標是什麼？最想做的又是什麼事？你想做怎樣的人？你人生想追求什麼？近年不少評論和預測都會提到，未來工作和環境會有很大轉變，畢業後去做一份工的選項已未必可行，剛起步的你，有否想過未來的工作人生要怎樣過？

我相信人生有很多可能性，人有很多重要的事：包括工作、家人、社會、信仰等等，如何過平衡的生活，找到人生的核心？心理學家馬斯洛（Abraham Maslow）的需求層次理論（Hierarchy of Needs）強調，人最高的追求是自我實現的需求，所以我們必須問自己工作和人生的目標是什麼？什麼是可以永存的、有價值的、有意義的事？

這本書談論的是slash / 斜槓人生。我講當斜槓、slash，並不是鼓吹人炒散，畢竟有時炒散，做很多份工，也是失去生活質素的；也不是叫人儘快搵夠，提早退休。事實上，我很懷疑現代是否有真正的退休。我主張的是找回生活的自主權，工作的自主，過達成人生目標的生活。

我在書中提出的不只是理論、觀察，也有在學校見到的青年人狀況，以及一些我作為斜槓職人的思考方法。本書也有一些斜槓職人的故事，包括我自己的故事，希望讓你思考未來人生和工作時，發掘更多的可能性，活出有價值的人生。

一

Slash 世代

Slash 一詞最早出現於 2007 年美國作家 Marci Alboher 的書 *One Person, Multiple Careers: A New Model for Work / Life Success*，書中提出斜槓職涯概念。這是一種新工作模式：透過多重工作身分達到發揮不同專業、天賦、興趣及收入的目的。而 Susan Kuang 著的暢銷書《斜槓青年：全球職涯新趨勢，迎接更有價值的多職人生》，更把這個觀念發揚光大，並重新定義為「無邊界人生」，不再是指多重職業和收入結構，而是多元人生和可能性。

自由人：新時代的工作型態

猶記得一宗令人心酸的新聞，一名擁有三個碩士學位、從事教育工作的年輕人自殺身亡。儘管無人知道真正原因，但普遍相信是因他無法獲得穩定教席，生活壓力逼人所致。傳媒引述其父感歎：「無理由讀咁多書都搵唔到出路。」

很多人心目中的穩定工作，是朝九晚五坐在辦公室（或者朝九晚七更為貼切），換取穩定收入，升職加人工後便可達致「屋仔、車仔、老婆仔」的「三仔」終極目標。簡單來説，薪酬決定成功，近幾十年來，這似乎已是不可改變的價值觀。

然而，我發現很多人的看法正在逐漸改變，對工作的選擇不再單純看報酬，更是取決於其能否實現自己的夢想。這些人最常見於初創企業或是社會企業（Social Enterprise），亦有人選擇不再進入傳統企業架構，改以獨立工作者的身分來賺取酬勞。

我有一位當記者的朋友，後來改以自由工作者身分從事公關和司儀工作，每隔幾個月便去一次長途旅行，更令人又羨又妒的是，有贊助商出資贊助她的旅費和寫旅遊書。對於熱愛自由及挑戰的她來說，這無疑是一份「夢想工作」。

又有一位朋友的工作是用戶體驗（User Experience, UX）設計師，為了學習和接觸最新的產品和知識，他毅然放棄原來公司的高層職位，改以項目方式和不同初創機構合作。

我相信人生的價值指標不應該受「三仔」所限，既然科技改變了傳統的工作模式，何不從心出發，追求自己的夢想。沒有固定工作、沒有簽下長約可能令人有點缺乏安全感，但走出安舒區（comfort zone），你可能會探索出一條新道路。

工作意義豈止賺錢

我曾幫忙籌備一個由多間大學商學院聯合舉辦的會議，有趣的是議題沒有半點商業味道，反而是哲學意識濃厚的「工作的目的」。

人一生大部分時間都花在工作上，但沒多少人認真思考過當中的意義，因為答案似乎顯而易見，畢竟衣食住行、旅遊消費以至子女教育，都要靠工作賺錢來支付。工作不就是為了錢？如果按此邏輯推論，人工高便是好工作，工作內容反而不太重要。有位好友曾笑言，辛苦工作的動力是早日退休，但他後來不幸中風，幾乎連命都丟了之後，想法卻有所改變。

工作給你的只有錢？

我們或許可以把工作當成賺錢過日子的一種手段，但它畢竟佔去我們生命大部分時間，不是應該還有其他意義嗎？

每個人都有獨特的天賦才華，也想有機會發揮所長，工作除了賺錢，其實更可以成為一個展示自我身分和價值的平台。相對於一人孤軍奮鬥，不同成員組成團隊相互合作，還可催生出更佳成果。

他人對你的認識很大程度建基於你的工作。要建立自己的誠信，取得他人信任，做事的態度和質素永遠比空口說白話更為關鍵。然而，現今社會出現一個怪現象，很多人不會尊重別人的工作成果，反而會因挑出小錯而沾沾自喜，實在是令人擔心。

人在工作中學習成長，性格亦會因經歷而變化。工作時成功或失敗份屬等閒，後續處理才是一門學問。所以，成功時切忌得意忘形，面對失敗時也應迅速爬起來，逆境智商（Adversity Quotient, AQ）提高之餘，性格亦會愈趨堅毅。說到經歷塑造性格，我便是一個例子。

多年創業經驗令我熱中於發掘問題，苦思不得要領便去搜尋解決方法，最後引發愈來愈大的好奇心，更是對此樂此不疲。常聽人投訴工作辛苦，但當你發掘當中樂趣，即使工作面對困難，也不再是一件苦差事。

找到工作意義就是找到自身價值

有朋友曾以退休為工作動力，亦有朋友憧憬自己比退休年齡早 10 年就可以退休。身邊有幾位初創公司老闆表明已經賺夠，日後希望藉着自己的技術幫助更多人，轉而投身成立社企。

在這世界中，金錢似乎是展現自己工作價值的證據，但總有人寧可放棄商業世界，尋求另一些意義。當然，未必人人都可達到這個境界，但找到工作的意義方可真正了解自己價值所在，人生才有繼續向前邁進的動力。你又有思考自己工作是為了什麼嗎？

Slash / 斜槓人生

在這個急劇轉變的時代，愈來愈多年輕人不滿足於單一工作職業，被單一身分束縛，開始選擇能夠利用自身專業和才藝，經營多重身分的多職人生。這就是所謂斜槓族 / Slash。

這個概念源自 2007 年美國作者 Marci Alboher 的著作 *One Person / Multiple Careers: A New Model for Work / Life Success*，slash 代表着「/」符號（斜號），故這類人又被稱為「斜槓族」、「斜號族」，一般會身兼多職，所以履歷（CV）上會出現「職業一 / 職業二 / 職業三」的介紹。

Slash / 斜槓一詞又可見於外國網站 LinkedIn，這個網站已經成為全世界最大的個人履歷庫，不少人都把自己的工作履歷，包括在哪家公司做過什麼項目和工作內容，曾與哪些人合作等紀錄儲存於內；更要把個人一些成功個案的參考連結放進去，好讓人更了解自己的工作經歷，對求職或尋找人才都十分方便！

所謂 slash / 斜槓，簡單來説，就是一個人同時有幾個工作身分。例如我可以同時是一名程式管理員，兼接攝影項目，同時是一個 YouTuber，在網上頻道教網民旅遊貼士的旅遊達人！

若然你是一個設計師，也可以擁有 Instagram 網上商店，出售韓國化妝品……同時創辦一家社會企業，扶助弱小。

對於一個斜槓青年來說，最重要的不是身兼不同賺錢的方法或途徑，而是同時從事好幾項自己熱愛的事情，透過不同的渠道發揮個人所長。從投資角度看，這一種生活方式，就像把自己的才能和時間分散投資，在今時今日看來反而可能更加紮實。（關於這方面我有親身經歷，請看本書最後部分：我的個人故事〈人生投資之道〉）

生命的範式轉移

香港人的人生規劃，一般是 20 歲前讀書，畢業後步入工作人生，60 歲便可以退休歎世界，最要緊是積蓄夠「摵」，滿足退休後 20 年使用，那 80 多歲便安心壽終正寢。不過，當科技愈來愈先進，不治之症變得可以治癒、器官可以 3D 打印，甚至連腦細胞都能再培育，人類活到 120 歲或再不是夢。長命的同時，煩惱亦會增加，最擔心的是儲蓄的數字會否不夠。

其實，我一直覺得 60 歲之後便馬上退休的做法有點匪夷所思。先不說現時「年輕力壯」的 60 歲大有人在，即使是身體機能不如年輕，亦不會馬上由

「工作中」一下子退化至「退休」。雖然有說退休後大可旅遊、湊孫來消磨時間，但退休人士總不會時常旅遊，而且也不是每個退休人士都會弄孫為樂。更多的，反而因為突然停下來而無所適從，失去寄託而身體轉差。

生命新策略

2017 年英國出版了 Lynda Gratton & Andrew Scott 的 *The 100-Year Life: Living and Working in an Age of Longevity*（中譯名稱為《100 歲的人生戰略》），當中提及要是人可以活到 100 歲，他的人生歷程會是：0 至 20 歲接受教育，20 至 60 歲工作，60 歲退休，60 至 100 歲左右漸漸年老並迎接死亡。觀乎這個人生歷程，似乎普遍適用於城市體系或已發展國家。

隨着醫學進步，人類平均壽命延長，40 年職涯賺得資產，未必足夠60 歲退休後40 年生活的開支。若 90 歲依然活着，而之前的工作積蓄都花光了，豈不是生活拮据，生活質素必然降低？近年有一種長命 120 歲的論調，要是人生多出 20 年，而退休年齡不變，無論是在個人或是國家角度，財務上都是沉重負擔，在這情況下，人生規劃自然亦大大不同。

以往人們曾經相信一份工可以打一世，但即使是日本，終身僱用制度亦已經名存實亡；加上人工智能迅速發展，勞動市場的持續改變，不少工種或者公司有可能因科技日新月異而消失。即使深信「三階段人生」(0 至 20 歲受教育、20 至 60 歲工作、60 至 100 歲退休)，亦大有可能未夠60 便要嚐「被退休」滋味，人們到底應該如何自處？

我認為 slash 的興起，即多重身分正是一種應對的方法。

年輕人 20 多歲時，不用太快投入一項工作，可以 slash 的方式，探索自己可以做、喜歡做的事業 / 工作，大可一邊工作一邊發掘自己的興趣，交叉嘗試不同工作來探索人生道路。可以是累積金錢、人脈或技能的途徑。

可能有人會說創業所費不菲，隨時「老本都無埋」，但在科網世代，創業所需費用遠不如以往昂貴，一人公司亦可以運作良好。以攝影拍片為例，器材遠比以往便宜，透過網上經營，如以往必須租用實體店，成本相當有限若然加上過往工作所累積的經驗、知識和網絡，若運作良好，更可以有持續收入進賬。

當你到40、50歲左右，就可以循slash的方法多元發展，轉向發展自己的平行事業，可以是攝影拍片、做網上KOL或投身創立start up，即是發展多重職涯身分，甚至從事一些可以超越退休年齡限制的工作，這樣就不會再受退休年紀局限，能夠繼續工作，賺取收入。可見slash已不只一種工作方式的轉變，實在是人生存方式的轉變。

我曾到以色列考察，了解當地的教育模式，那些青年人成長方式教我難忘。他們18歲都要當兵，在當兵的日子有不少實地實戰的學習項目。退役時大約22歲，會享用空檔年（gap year），到處旅遊，看看大世界，然後才回國上大學。有人會問，這會太遲嗎？不會的，當你學習了不少生活技能，再在世界走一圈，你會發現和認識自己，辨別清楚個人方向和發展方式，就清楚自己要走什麼路，這情況下你會選到適合自己的科目，就不會人云亦云，或跟風選錯科了。有些人畢業後會創業，或從事不同工作。這個成長時間表與香港孩子不同，但我覺得這也是一種平衡，在認清方向後再專注發展，或能避免很多冤枉路。可見人的生活方式和時間表可以是多樣化的，而不是單一的。

人生投資之道

對青年人來説，slash 的發展方式有另外一個好處，就是可以讓青年人多番、多方嘗試。常言道年輕人輸不起，但未試過又怎知自己會輸呢？真正的失敗是你一生都未試過！失敗了明天再起步，怎會説是輸不起？

Slash 可以説是一種新的工作或人生投資方式，不再把所有雞蛋放於同一個籃裏。這是一種平衡，這種工作「輸咗」，還有另外的工作，支持你面對生活和工作，可見面對失敗的能力，反而提高了！

其實 slash / 斜槓人生不單單是年輕人的專利，也有不少人提倡斜槓中年。現在香港人的預期壽命已經接近全世界最高，愈來愈多人會活到 100 歲。那麼在 60 或者 65 歲退休後有什麼可以做？研究發現一個積極的活齡生活對身體是大有益處的！

一般來說，香港這一羣「年輕長者」（young old），身體狀態不錯，收入也可以，可能已經供完樓，子女都畢業了，人人一部 Smartphone 在手。他們可以考慮由 50 歲到 70 歲開展斜槓人生，學一門新知，試試創業，或者多做義工，更可開展社會企業，以經驗回饋社會。

這種工作 / 生活方式顯示，現在已不再是工作為「搵餐晏仔」的年代！在新時代，的確需要用嶄新的角度、新眼光去面對一個不確定的將來。

打散工及 slash 不宜混為一談

年輕人愈來愈抗拒無聊單一的職業，同時打幾份工的大有人在，有評論便指這代表着 slash 已成為一種普遍生活方式。我相信這種彈性就業只會愈加普及。不過，不少人誤解 slash 即為打散工，事實上兩者是截然不同的生涯規劃態度。

全職散工不是一件新鮮事，港人出名勤力搏命，即使是我們父母輩，不少人一個人打幾份工；但就當時環境而言，散工等於不穩定，全職工作才有保障。然而，今時今日要在同一間公司工作多年並不容易，一份工做四、五年已算是相當長，「長工」在 slash 眼中同樣欠缺保障，可能會遭裁員，或遭減薪凍薪、扣減福利等；相反，身兼多職亦不等於不穩定。

Slash 的工作模式雖然看似「炒散」，打散工，入息來自不同來源，也不穩定，但這類新的工種、行業或生意，往往能夠滿足個人追求的價值或使命。其實，職涯前期不妨成為斜槓一族，趁未有家累，心態上仍敢冒險，也未有明確職業規劃或指向，甚至連個人方向也未有定案，倒不如大學畢業後，不先找全職工作，放膽試做不同工種，成為斜槓工作者（Slashie）；或者，從事正職之餘，也開拓副業。

關聯工作 Crossover

斜槓職人容易被貼上「不務正業」標籤，認為他們沒定時上班、沒穩定收入，等同懶惰，然而事實未必如此。關鍵在於他們如何分配時間、增加知識深度，並將之廣泛應用，這就是下述 T 模式的基本概念。

如果大家以為做 slash，就是一味做着幾種職業，無目標、無重點、無方向，這不是我提倡的斜槓人生，甚至我認為這種的生活方式有點懶散。我倡導的斜槓是一個 T-model。T 是一橫一豎，那直立的一豎，代表一個人要有核心的事業 / 方向 / 相標 / 使命，以它為重心，要鑽得深入；至於一橫，就是從核心出發的展開，或向不同方向、範疇發展，就是 slash 形態。

Slash 和打散工最大的不同之處，是前者每一份工作都有關聯，能充分發揮聯乘（Crossover）效果，作為未來人生規劃的一部分。很多年輕人投身 slash 是因為找不到能滿足自己的職業，便創造自己的工作組合，slash 正是他們的摸索階段：找到發展

方向、平衡各項技術、提升專業能力，以及擴展發展平台。（具體例子可以參考本書幾位青年人的故事）

前文提過，我認識一位從事用戶經驗（UX）工作的年輕人，他原先受聘於一家大規模的應用程式公司，按傳統說法絕對是前途無量的金飯碗，早陣子卻決定辭去大公司的職位，轉而成為 slashie，自己獨立接工作項目。

後來，他跟我說起這個決定的背後原因，正是因為他打算在 UX 這個行業進一步發展，才作出離職決定。他不諱言舊公司薪高糧準，但長此下去工作便只着重於單一產品，限制了眼界發展。他在離職之後，除了可以接觸不同產品的 UX 工作，更有機會赴海外體驗各國的市場及變化，對日後發展大有好處。

彈性生涯規劃

當愈來愈多人投身 slash，那麼市場供應量增加，競爭也會日趨激烈，加上每年都有畢業生投入社會，如果只是靠打天才波便很容易被淘汰。因此年輕人可藉 slash 方式發展自己的專長技能，但未必能視此為終身職業規劃。事實上，無核心的 slash，這條路不可能走一輩子。

以往年輕人投身社會，買樓是成功的指標。近年很多人都説「成功靠父幹」，意味靠自己就能達到所謂的「成功」，包括置業。其實正面一點來想，這個説法亦代表着無謂把所有精力投入買樓，視之為人生目標。如果甩開這個重擔，年輕人的生涯規劃便可以有更大彈性，以 slash 為基礎發展自己的事業，亦是一個不俗的選擇。

要成為 slashie，你先要檢視自己的工作技能，是否有成為 slashie 的條件？是否有一些工作能力，可以接 project-base 的工作？是否有一些興趣，可以發展為事業？你不一定要立刻把這些技能發展成穩定的工作，而可以是有節奏、不穩定的工作項目，例如先接一些短期的、一次性的工作項目、開網店 / 網上銷售生意。

現在不少中學生都會開設自己的 IG SHOP，有一次我接待一羣中學生，她們來自中等階層的學校，我問她們，有誰沒有 IG SHOP？當中只有一兩個舉手，大部分都已懂得從網上入貨，再在自己的網店出售了，其中一個女生，更是在家做蛋糕然後放上網店銷售，而且生意不錯。真不能小看這一代，年紀輕輕就能一邊讀書一邊打理網店。

就算不打算開設網店，亦可以當數碼遊牧民（Digital Nomads）在世界各地工作，例如有些設計師，會遊走不同國家、城市接工作項目，增長知識、建立人脈，慢慢發展成獨立自僱人士。

有些人可以開設社會創新的項目，有些主要是貨品銷售，但都是一些發展方式。但更重要的是還是找到你的 T 軸：即是你的核心事業，以此再進行橫向發展。

平行事業

Slash 的生活形態除了可以是同時兼顧幾份不同的工作外，平行事業（Parallel Career）也可以是 slash 生活的一種類型。即使正職受氣、沒滿足感，透過平行職業，也有機會做快樂的事。

我相信人生除了賺錢維持生活外，還需要一份自己喜歡的平行事業。被譽為管理學之父的 Peter Drucker 早在 90 年代，提出平行事業一詞，例如人們工作至某個年紀，建議在工餘時間積極投入社區工作或教會事奉，慢慢建立平行職業、平衡人生各方面的興趣和需要。

這些社區工作 / 義工，可以是發展小型的社會企業，在職人士以義工身分或收取微薄酬金，成為斜槓一族，服務大眾，貢獻社會，甚至可以藉此創造正職以外的第二職業。我認識一些小型的社會企業，不過由一兩個人主理，但卻能以小事創造大意義。平行事業既能為人們提供金錢以外的回報，亦能幫助社會重新分配資源，而共享經濟（Sharing Economy）的出現，無疑令後者更有效率。更重要是，社會工作是人生的一種平衡，不只是過着工作與賺錢的生活，而是參與社會，對他人有貢獻。

我相信人除了工作，也需要回饋社會，產生美好的影響。雖然每個人喜歡的平行事業也有不同，但我最鼓勵的還是義工服務，即服侍社會。我與幾位年輕社會企業家合作，開發了「社職」（Social Career）** 這個網上義工平台。簡單來說，就是將非牟利及慈善機構（NGO）的義工活動放在一起，志願者可以因應自己的興趣及技能，利用手機應用程式找尋合適的義工機會。

我一向專注幫助長者的工作，這項平行事業的開展亦是偶然，當年我參與了教會的節日活動，前住探訪長者及幫助他們清潔家居。唯與老人家閒談時發現，原來他們不太希望別人幫忙「執屋」，因為他們有自己獨特的擺放方式，義工清理家居後反而令他們找不到東西。

很多人探訪長者時會幫忙打掃清潔，這亦是最常見的做法，若結果是幫倒忙，未免令人失望。那麼有沒有其他方法可以真正幫助到長者，令他們的生活更加方便？這個應用程式能明確顯示一眾 NGO 需要哪種義工服務，令義工可以真正幫助長者，例如帶他們去看醫生。義工如有意投身老人服務義務工作的，亦可以學習相應的技能，如急救，以及進一步了解腦退化症的病徵及應對方法，令到服務更貼近受助人實際需要。

你的專長不只用於工作

事實上，平行事業未必與本職工作全然無關，律師可以利用專業知識幫助社企解決法律或合約問題；提早退休的企業家可以協助不擅經營的社企平衡收支；電召司機有空時可為 NGO 提供一至兩次免費運送服務。久而久之，透過應用程式將義務工作與合適的人選配對，達致最佳效果，義工也能夠建立自己的「履歷」。

任何人也可以發展平行職業，表達他們對世界不同議題的關心，例如貧窮、醫療、自然、環保……等。參與慈善團體的義工服務，得學習機會、寶貴經驗，增進知識，建立社會履歷（Social CV），豐富人生價值。

另一方面，社企不一定「Low tech」，「社職」由香港賽馬會支持，鼓勵普羅大眾參與社會活動和義務工作，至今已有 500 多個非政府組織及逾 4 萬名人士登記，共 2000 多項活動供選擇。科技創新可以使社會過得更好，大家不妨 Think Big and Think Smart，探尋一下可以改善的方法。

透過建立社會的平行事業，過一個平衡的生活，不只為自己，也要為他人而活，這有助我們更能達成自己的人生目標、有成就有貢獻的人生。社職同樣可以套用 T-model 的方式去實踐，以一個謀生的事業為你生活中軸，然後再橫向發展不同的社會服務、社創事業等，為社會帶來影響（social impact）。

** 全港最大的義工平台 —— 社職，於 2015 年創立，是一家香港註冊，建基於科技的非牟利機構，屬於社會企業。透過應用程式集合香港超過 500 間慈善機構，發放共 2000 個義工招募資訊，協助義工支持慈善工作。每位新加入的義工，以應用程式記錄他們的專業或專長，能準確配對慈善機構所需人手。每項慈善活動，應用程式自動建構一個網址，分享活動前後的資訊或相片，方便瀏覽。

Little Pro-tato —— 家與愛的組合

工藝師 / 文職

被迫放棄畫畫

「其實我也只是一名『小薯仔』而已。品牌和人生也像薯仔般平凡 —— 一邊打工一邊做喜歡的工藝。」

自認為「小薯仔」的 Jeanie，中學時已愛畫畫，「當時很多功課都需要畫畫，很多同學都畫到『嗌生嗌死』，我卻很享受畫畫過程。」不過因遭母親反對，她不敢選修視藝科，「於是我選讀理科，大學亦然，都是為家人做的決定。」

直至大學畢業，她終於有能力和勇氣，工餘修讀插畫課程。隨後她出版兩本繪本，2010

年以「Little Pro-tato」的品牌名字，製作布袋及羊毛氈公仔，到不同市集擺攤。「當時什麼手作也嘗試，認識了很多喜愛繪畫的朋友，是讀書時沒法想像的生活，很開心！」她頓一頓道，「但回想起來，其實還沒有專注發展一種工藝。」

直至三年前，一次日本之旅，讓她接觸到熱縮片這門工藝。

「當時我在日本旅行，尋找手作材料，無意間看到一本介紹熱縮片的工藝書。」書內熱縮片圖案美麗，很自然地吸引她的目光。細看之下，她發現原來熱縮片可以製成不同形狀的飾物，可塑性較高；而熱縮片比起羊毛氈，可製作更仔細的圖案，製作所需的時間亦較羊毛氈短。

平凡又與別不同的手藝

回港後，Jeanie 依着那本工藝書學習，「原來熱縮片遇熱後膠片會縮小，如何能變得平滑？為什麼圖案和顏色在焗後會不走樣？看書後我才發現自己對這一無所知，於是不斷嘗試。」她已有了幾年繪畫和手工的根底，「但途中也經歷多番失敗，枉費了很多材料費用，才慢慢掌握當中技巧，製作出合心意的熱縮片。」但她仍不滿意，研究如何將熱縮片飾物合併至兩塊以上，讓作品看來更立體。

「研究的過程很漫長，因為坊間大部分熱縮片教學，只教製作一塊熱縮片的方法及過程。」誤打誤撞下，她終摸索書本和網上鮮有提及的技術，使作品與坊間熱縮片勞作不同，既有層次感，也平滑無縫。

既然如此困難重重，為何不像以往做充滿信心的布袋及羊毛氈公仔？「因為我有一個故事夢。」

一件作品一個故事

原來，Jeanie 小時候很喜歡看《我係小忌廉》、《小丸子》這類型的少女卡通片，「我小學時已不停模仿這些卡通的畫風，幻想將來可以創作出屬於自己的角色。」就在修讀插畫課程的幾年間，她設計了數個帶點麻甩、又有點可愛的角色，還配有故事情節，「或者只有熱縮片，才能像畫紙一般，把這些一直擱在我心中的角色和故事呈現。如果做羊毛氈或布袋，我就想不到如何表達有連繫性的故事了。」

更重要的是，她一直希望透過作品帶出信仰信息。「在我的世界裏，每個人原是不相識，但有愛把每個人連在一起，生命從此不一樣，這份愛是來自天上的祂。我的熱縮片作品，背後就貫穿這個關於愛的《雨點小故事》，講述當人傷心流淚時，Little Pro-tato 那些有點麻甩但又純真的主人翁，如『薯妹妹』、『小雲朵』，會為人們收集淚水，並一起禱告，然後淚水會化成雨點升上天，還有彩虹作見證，祂亦從不間斷地伴在人們身旁……」

薯妹妹、薯仔仔、小雲朵、雲上太陽等角色，就成了 Little Pro-tato 品牌主打的耳環、頸鏈及飾品；客人買回家的，不再是一份童趣的裝飾，更是一個愛的故事。

半職工藝的追夢掙扎

花了好幾年時間鑽研熱縮片工藝，Jeanie 不諱言在朝九晚五的上班生活過後，仍要專注創作及到處擺市集，實在不容易。

「我想我算是半職工藝師吧。星期一至五每天工作十數小時，回家後還要做貨到半夜三更，星期六、日則到市集擺檔或教工作坊。有一兩年工作更是 24 小時輪班。」她因此患過幾場大病，更有數次在街上或家中暈倒，同時出現不同痛症，「最慘的是生病令我沒精神專心創作，但又有很多訂單要完成，唉！」

這一年初，她轉換了新的工作環境，不需再輪班工作，但又面對另一個問題——土地問題。「平日待家人晚飯後，我才能將餐桌變成工作檯，但扣除準備及收拾工具的時間，每晚只能做兩小時多。有時怕父母知道我熬夜，一有風吹草動我更要極速收起工具回房睡覺，好像『走鬼』般！」說罷她也忍不住哈哈大笑。

她不是沒想過全職製作熱縮片飾物——這是半職工藝師最大的矛盾，是渴求專心發展品牌，但微薄盈利卻未必可維持生活開支。「其實早幾年我曾大膽地於合約工作完結後，轉為全職手作人，但當時收入不多，需依靠補習及教授畫畫收入維生，創作的時間最後又縮減了。最重要是收入不足以給父母家用。所以不一會就放棄了，回到以往熟悉的工作環境，繼續過往的工作，對家庭負上責任。」

她決定主動找尋出路。她加入共享工作空間 Trial and Error Lab 成為實驗夥伴，「來 Lab 是希望獲得支援，結果真的認識了好幾位情況跟我差不多的半職工藝師，可以互相交流市集、工作坊與寄賣店的情報，又開設 WhatsApp group 來吐吐苦水。辛勞或者沒有減輕，但心理壓力至少輕省了。」

Jeanie 只希望身體不要再壞下去，讓心中的一團火燒下去：「我還有很多夢想，想用熱縮片作品來製作插畫故事，推出明信片等周邊產品，又希望把作品放到不同平台寄賣，並嘗試進行量產。

原載 Trial and Error Lab 網站，https://trialanderror.hk/2018/11/05/littleprotato/（by Jonathan + Gi）

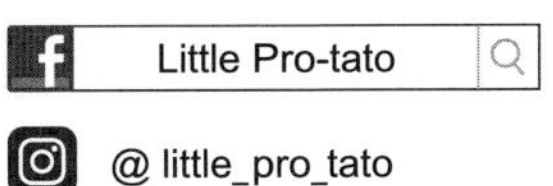

二

大環境造就新職涯

根據 LinkedIn 發佈的《2015 中國自由職業者報告》，逾七成的自由職業者為 85 後，主要集中在中小城市，並較其他非自由工作者多 2.5 倍人脈。有報告估計，到 2020 年，美國將有一半的勞動人口為自由工作者。自由工作將會是工作的新趨勢。

AI 時代就業之道

每次在科技大學完成學期最後一堂創業學授課，也是向一羣應屆畢業生說再見的時候。有些同學已獲公司聘請，畢業便馬上就業，也有人決定先來一個空檔年（gap year）；至於選擇創業的亦大有人在，然而更多同學普遍對於未來都感到一片迷茫。

對未來感到迷茫的，又何止是畢業生？很多在職人士都擔心自己的工作會否消失。過去十多年，一直有說人工智能即將取代不少工作或行業，但大部分人認為受影響的多是以勞動為主的工作，「食腦」的工作則較難被取代。直到 AlphaGo 的出現，才令大家驚覺將會消失的工種比想像的更多。能夠在圍棋這種最為複雜的棋類中戰勝世界最強棋王柯潔，AlphaGo 展示了人工智能在學習及解決問題方面，絲毫不比人類遜色。

來自 AI 的挑戰

解答這個問題之前，不妨先了解一下 AI 到底是什麼。AI 解作人工智能（Artifical Intelligence）又稱為「機器學習」（Machine Learning），簡單來說是電腦在毋須預先輸入指令之下，自行透過計算及預測來處理或簡單或複雜的問題，AlphaGo 可謂現行科技之下的巔峰之作。除了圍棋選手有機會與頂級 AI 對戰，普通人如你我的身邊亦圍繞着不同的 AI。

對一眾師奶來說，最熟悉的 AI 肯定是 Fuzzy Logic（快思邏輯技術，即模仿人腦的邏輯運作），這個功能經電飯煲的推廣標語而廣為人知，現時由冷氣機到吸塵機都已經普遍使用。我外母曾笑言 Fuzzy 即是「差不多」的意思，最終結果不會太過準確，例如冷氣機設定氣溫為攝氏 23 度，但開門關門，人多人少都會影響室內溫度變化，所以溫度只是大約保持在這個水平，但這畢竟遠較傳統冷氣機的有限溫度調節及風力只有「高、中、低」三個選擇準確得多。近年興起會自動清潔污迹的吸塵機械人，更加反映了家庭電器的「進化」模式。

蘋果公司透過 Siri 大力發展 AI 已經不是新聞，雖然現時的 Siri 似乎還是答非所問居多，需要時間發展，但估計所需時間未必會太長。Google Map 由開始時只提供簡單地圖，到現時可以自行評估路面狀況，估算出使用者最佳的抵達途徑及時間，發展到這地步所花的時間也不過是十年八載。

商業使用AI的例子更是多不勝數，當消費者「隔住個芒」，銷售員是真人或是機械人已經分別不大。以淘寶為例，現時有三至四成的交易並非經由真人客服（客戶服務員）負責，而是通過名為Chatbot的智能機械人完成。

眾所周知，消費者的問題其實大同小異，Chatbot可以擷取問題內關鍵字，再從資料庫內找尋最合適的應答句子。就日後的發展而論，相對於人手搜尋資料再向客戶作出推薦，倘若AI可以從海量資訊中，自動分析每名客戶的地域、喜好、消費習慣等，將更有利於進行產品開發、推廣及銷售。

AI「思考」出答案的過程和人類相似，都是透過學習來找出最佳解決方式，一如Google的搜尋器便是統計海量搜尋次數，推算出人們所需要的最佳答案，而AlphaGo亦不是硬背棋譜，而是透過邏輯推算出最佳答案。

誰是競爭者？

人工智能是近年非常熱門的議題，AlphaGo 的出現令大家驚歎 AI 的發展，認清了 AI 的重要性及發展潛力，未來除了活用 AI 科技，更要避免受其所控。而隨着 AI 和機械人技術應用於多個行業，是否代表我們被機器取代的將來已不遠矣？

未來 10 至 15 年，機械人和 AI 的確有很大可能取代人類在不同工作上的職務。面對科技迅速轉變，即使今日從名校的熱門科目畢業，也不敢說 10 年過後還具備競爭力。

不少人都預期，如會計師或普通科門診醫生的工作，都將會被人工智能取代，原因很簡單：所有步驟均是重複進行兼有前例可循。老實說，沒有人可以確實掌握未來工作的走向。我認為彈性的生涯規劃，並裝備個人軟實力才能迎向未知的工作時代。

新科技新職業

現今科技發展愈來愈快，諸如物聯網、人工智能、虛擬實境（VR）、金融科技（FinTech）、網上直播這些詞彙，早幾年還只是在一些研討會上被人提及其發展潛力，如今這些新興科技已經發展出自己的產業鏈，更正在重塑就業市場。

舉例說，台灣雜誌《數位時代》曾有一期專題介紹了十種需要科技人才的創新職位，大家可能「聽都未聽過」，包括物聯網專案經理、資料科學家（Data Scientist）、人工智能培訓師、資安戰士、影像魔法師、VR 導播、體驗設計師、電商直播製作人、圖像演算法工程師、社羣小編、以及 FinTech

敏捷行銷工程師。這些職位有些可以從名稱中大致推斷出工作內容，有些則可能令人摸不着頭腦。

事實上，考慮到未來幾乎所有產業都會與物聯網掛鉤，近年興起的「物聯網專案經理」確是一項有趣的工作。他們需要收集數據找出影響消費或使用行為的模式，同時分析並發掘相應技術，以協助不同產業引入物聯網科技。單從工作內容來看，我認為這項工作的要求不單只是熟悉科技，反而更需要多角度思考能力，能於不同產業中發掘其與物聯網的關聯，引入適當的技術提升整體效益。

人工智能培訓師未來大熱

令人工智能更切合我們使用要求的「人工智能培訓師」，亦是未來大熱行業。我們都明白人工智能將在未來的生活和工作上佔據愈來愈重要的位置，但 AI 並非天生聰明，它需要不斷學習才可提升準確度，以配合市場真正需要。以擔任客戶服務的 AI 為例，除了模擬各種可能出現的情況以找出適合的應對方法，培訓師會與企業客戶直接溝通，透過收集和分析客戶回饋，以改善服務品質。這個「培訓」過程將進一步發掘 AI 潛力，並有助推動 AI 與其他產業的融合。

另一個不得不提的職業是資料科學家。人人都知道在數碼年代，大數據（Big Data）等同於大金礦，負責「淘金」的資料科學家亦變得炙手可熱。科技世代的資料，科學家不止是大家想像中的統計學專家，還要具備創意並懂得發掘數據價值。他們既要具備技術背景來幫助分析數字，更要設計全新工具以助了解資料組合，把觀察的數據和現實連結起來，才能把虛無飄緲的數據化為有效的生財工具。

現在不時傳出傳統企業如銀行、傳媒及航空公司大規模裁員的消息，就業市場有點人心惶惶，但新科技亦促使新工種出現，如何轉型發展以配合未來發展趨勢，是一眾打工仔都要深思的問題。

科網時代更應走出去

若然時間允許，每到一處地方，參觀校園是我必然的行程之一。我熱愛到學院散步，親身感受校園氛圍，了解其教學理念。一次歐洲之旅，我到了聯合世界書院（United World College，下稱 UWC）位於意大利 Trieste 的分校參觀。

先簡介 UWC 的背景，它由德國人 Kurt Hahn 於 1962 年創辦。當時是二戰之後，地區之間爭執不斷，百廢待興，在這個環境之下，他相信不同背景的年輕人聚集起來，將有助解決不同地區的衝突，建立可持續發展的未來世界。

世界級學生

這是非常有趣的理念，把來自世界各地不同種族、宗教、政見或貧富背景的年輕人聚集一起，相當於把全世界的學校來一個大集薈。雖然 UWC 的背景難免被視為貴族學校（現任會長是約旦的努爾王后，前任會長包括英國查理斯王儲，已故黑人民權領袖曼德拉更是榮譽會長），唯書院絕非只收「貴族」學生，很多貧困學生亦可透過獎學金入讀。

在校園中，膚色、國界、宗教這些界限都變得模糊，真正達致「有教無類」原則。以色列的猶太學生可以與來自巴勒斯坦的阿拉伯學生攜手研究項目，大家的膚色不再是隔膜，人們之間沒有仇恨與敵視，就如 John Lennon 名曲 *Imagine* 描述的烏托邦，是一個無分國界無分膚色的地球。

在意大利的UWC，200多名學生分別來自全球90個國家及地區，名副其實是一個小小的聯合國。若是打算到海外升學，這所學校是一個理想的選擇，比起一眾英美名牌私校不遑多讓，其獎學金制度亦相當完善。當然，學生來自不同背景，總會產生文化衝擊，但學校便是要他們透過與各國學生的交流，學懂尊重其他文化，真正的面向世界，而非在象牙塔中死讀書。

爭取命運自主權

在Trieste，我認識了幾名分別來自新加坡和香港的學生。他們不諱言，很多人不大明白他們為何放棄家長精心安排、能夠順利升讀名牌大學的頂級名校，反而老遠地跑到這個小聯合國來挑戰自己，其實原因就只有一句話——「I know what I want now！」

在科技的幫助下，語言不是問題，距離更不是障礙。我有一位原在投資銀行做 Programmer 的朋友，便毅然辭職轉到倫敦發展。他跟我説最怕「貨比貨」，當跳出原本的圈子，才發現原來在推動高科技創新企業方面，倫敦要比香港走得更前。另一位年輕的香港創業家，則利用大數據和移動技術，為紐約的雜貨零售商店帶來革命性的轉變；他的創意獲得創投公司賞識，目前已經是一家 50 人公司的小老闆了。大量例子告訴我們，目光不應局限於眼前的一畝三分地，無論男兒或女兒，都應該志在四方。

其實，互聯網令全球緊密相連，科技發達讓人們更容易「走出去」，認識更廣闊的世界。反正未來工作變化無從掌握，年輕人可不用受傳統的框框限制，需要用宏觀眼光看未來，努力爭取命運的自主權。

零工經濟（Gig Economy）

Slash 的工作型態，很自然會引發零工經濟的討論。

零工經濟是由工作量不多的自由職業者構成的經濟領域，其中 Uber 可謂典型的零工經濟模式。乘客只要利用網站或應用程式在網上簽定合約或訂單，然後網站快速配對雙方要求，一些有車階級而又空閒的人，便可以藉此獲得額外收入，整個過程不受時間、地域及僱主限制。

不過問題來了，在這個新經濟模式中，誰掌握和控制資訊？如雙方所得資訊不是屬實，而受應用程式操控者蒙騙，要求雙方繳付額外費用，便形成剝削。譬如乘客透過應用程式得悉繁忙時段需要附加車資，但司機並不知情，那就乘客可能會多付車資，司機卻不會因此多得收入，此乃不公平的現象。如法例追不上時代，沒規管這類應用程式，司機和乘客也不受法律保障。

新加坡政府很開明，早已將 Uber 合法化，並且採取先了解，再管制的策略。第一，解決的士供不應求的問題，建立美好的城市形象；第二，訂定 Uber 司機每天工作時數，避免影響的士司機的生意額；第三，透過立法，創造共享經濟的營商環境。

所以零工經濟仍須很多規管才能成事，否則只會變成另一種剝削。不過這是個大課題，也未必是本書會涉及的了。

於此，我只想說的是，面對新的工作模式，政府的政策必須因時制宜，讓 slash 受到保障。

減稅有利 slash 一族

行政長官林鄭月娥上任後首份《施政報告》公佈後，大部分打工仔可能認為當中只有車費補貼與自己有關。但與其着眼於每月數十元（上限是 300 元）的補貼，倒不如研究一下有什麼範疇可以令自己更能受惠。

據《施政報告》建議，在利得稅兩級制方面，企業首 200 萬元的利得稅率將降至 8.25%，其後的利潤則繼續按標準稅率 16.5% 評稅。只須繳付 8.25% 的利得稅率，應讓香港成為全球最低稅率地區之一，這個標準亦遠較個人薪俸稅為低。對於近年冒起自己做自己老闆的 slash 一族，無疑是一大福音。

低稅鼓勵打工新方式

打工仔都希望有個「鐵飯碗」，人工高福利好，然而時移世易，經濟轉型，「鐵飯碗」愈來愈難找之餘，能在工作和生活之間取得平衡亦愈來愈受重視，slashie 隨之興起。

Slashie 長遠發展下來，未必比傳統上打一份工的打工仔差，再加上有稅務優惠，可能有不少打工仔會選擇組成小公司。對企業而言，slash 形態的興起亦相當有利，不難發現愈來愈多企業會選擇就項目外聘短期顧問，既可以發掘市場上優質人才，亦毋須長期聘請人手，營運上彈性更高。可見若然政府政策配合職業發展趨勢，有利 slashie 的發展。

Emma —— 我會一直維持 slashie 這個身分

行政助理 / 海洋生態教育 / 健康食品銷售

Emma 的故事要由海洋說起。

「對海洋的熱愛，是要感謝我的父母。」Emma 的父母在她年幼時讓她學習游泳，孩子的心很單純，愛上游泳就自然希望長大後要做一份與游泳有關的工作。尋尋覓覓後，她加入了海洋公園，擔任海洋生物訓練員。

在這五年裏，她與不同的海洋生物接觸，接觸最多的是一頭海獅，時間甚至比與家人相處的還要長。她領悟到動物是可以影響人的，可以與人建立感情，即使沒有言語交流，但從身體動作眼神都可以感受到，尤其那一頭她常常照顧的海獅，更是向她投以信任。這些經歷，引發 Emma 對海洋更深厚的興趣，進修與海洋相關的課程，於是她負笈台灣。

台灣也是她首次成為 slashie 的地方，那時她的身分包括了：學生、海洋生態導賞員、手作人。

由西到東的尋覓

本來她修讀與大自然與土地有關的科目，但對海洋的熱愛使她由中部跑到東部。「我最初是在書店碰到一本叫《鯨生鯨世》的書，作者是廖鴻基，也是台灣黑潮海洋文教基金會的創辦人，因着對海洋的熱愛，我花了八個小時，由中部上台北，再到東部，就是為應徵作導賞員。」之後她轉學到東部，修讀環境與生態管理的科目，在學科上接觸更廣闊的大自然題目。與此同時，她創立了自己的品牌，為了找點生活費，還要兼職在甜品點打工。

Emma 創立的品牌名為海．印，誕生於台灣花蓮，名字包含雙重意思：海印，就是以海洋為主題的印章，也代表她向大海的心，是個為海而瘋狂的人，即指海人。兩者的粵語發音相似，寄寓她在異鄉特別想家，也思念自己香港人的身分。這個品牌，源於她的經歷，經過幾年與「海洋」的相處。

海•印這個品牌是無心插柳的結果。Emma 任導賞員時，接觸了不少海員、船長，有機會增進海洋的知識，並對海洋生物加深認識。因她曾學習雕橡皮印章，於是就把鯨豚的姿態刻在印章上，原意只是送給參加者的小禮物，也記錄自己對海洋的感受，並排遣在學業上的壓力。因一位開咖啡店朋友的引介，便把印章放在店內寄賣。

「售賣鯨豚印章並不是焦點，最重要的是附於印章的一張小卡，卡上寫上有關鯨魚的信息，是傳遞海洋的故事，也是傳遞愛惜海洋的信息。」

每塊印章都獨一無二的。Emma 會花大量時間做資料搜集，務求令作品的像真度提高，接近海洋生物的真實形態。然後繪畫鉛筆線稿，再把線稿騰上橡皮上才雕刻。橡皮擦的材質可以讓每種海洋生物的特徵都明顯呈現，而每個印章都有屬於它們的故事。她希望透過這些橡皮印章，讓大眾可以看到海洋的真實面貌，也藉此推廣環境教育。

學業壓力促成 Emma 去雕印章，導賞員的身分豐富她的印章內涵，印章又使她創立品牌圓滿她對海洋的愛。Slashie 身分，是彼此豐富地建立了她。

回港再成為 slashie 則是另一個故事。

一步一步的實踐

回到香港，Emma 想繼續活出品牌的理念，走生態教育的方向。她最初是在生物教育機構當全職工作，但工作耗費不少心力，以致無暇兼顧品牌發展，於是她想到全職經營。

「在香港，未必太多人關注環境和動物議題，而鯨豚對港人來說可能比較陌生，不及中華白海豚為人熟悉，要與港人對話，到底也要注入香港的海洋議題。不過仍想透過擺市集，讓印章自由定價引起孩子和父母對海洋生物的好奇與關注，讓他們駐足聆聽海洋的故事。」

然而，這個日子不太長，她最終都重回 slash 的生活。「全職經營品牌，令我創意凝滯了。何況，出售印章也不可能維持生計。」

多重身分豐富人生

現在 Emma 有三個主要身分：行政助理、品牌經營者、健康食品直銷。

Emma 擔任行政助理的機構，是一家教育機構，「海・印的經營內容之一是教班，為了學習如何教育，我想到教育機構，但我沒有相關資格，便從行政工作開始，由低做起。」在機構裏，藉行政工作，得以訓練她的組織和處事能力，又藉與老師們交流，學習了教育方式、傳遞信息的方法和教育方向。「我以前說話好快好急，但做教育，說話時就要有條理，也要有合適的語速，才能傳遞想法。」

至於健康食品的直銷生意，也是源於她多重身分的副產品。兼顧品牌經營和行政工作，使原來具備運動體格的她，健康和精力都受影響，在別人介紹下服用健康食品。這些產品造福個人和他人的身體健康，有健康人才能好好工作，追求自己喜歡的事，於是她從事食品的直銷工作，透過網上平台售賣產品。這門生意，目標都是幫人好好成長，而透過經營生意，更訓練了她的紀律。

在未來的日子，Emma 除了繼續任行政工作、銷售健康食品，也會運用各種媒介，藉海·印把海洋知識和保育信念傳遞給大眾，形式可以更多樣化，或是展覽、座談會、講座、藝術等等，品牌的目標就是做公眾教育。

這個品牌未必能成為正式收入，所以 Emma 的未來規劃，仍會走 slashie 的路。「不能全只想到自己，我也需要足夠收入，給家人可以使用，也可以往外國探望親人。」

「Slash 工作方式使我能進步，多重身分對我產生啟發性，激發我向前。」行政工作裝備她建立品牌走教育的路，推銷健康食品也裝備她的身心狀態繼續過有目標的生活。Slashie 的幾個身分，可以互相豐富。

「我一定會繼續維持 slashie 的身分。」Emma 斬釘截鐵的表示，她感到 slash 生活是一種訓練，包括紀律、時間運用、組織和有規律的生活。因要兼顧幾個身分，她需要更多精力，妥善安排自己工作、休息的時間，以便應付不同的工作，過有規劃有鋪排的生活，完成自己的各個目標。

海印 Ocean Stamps

@ oceanstampsfwte

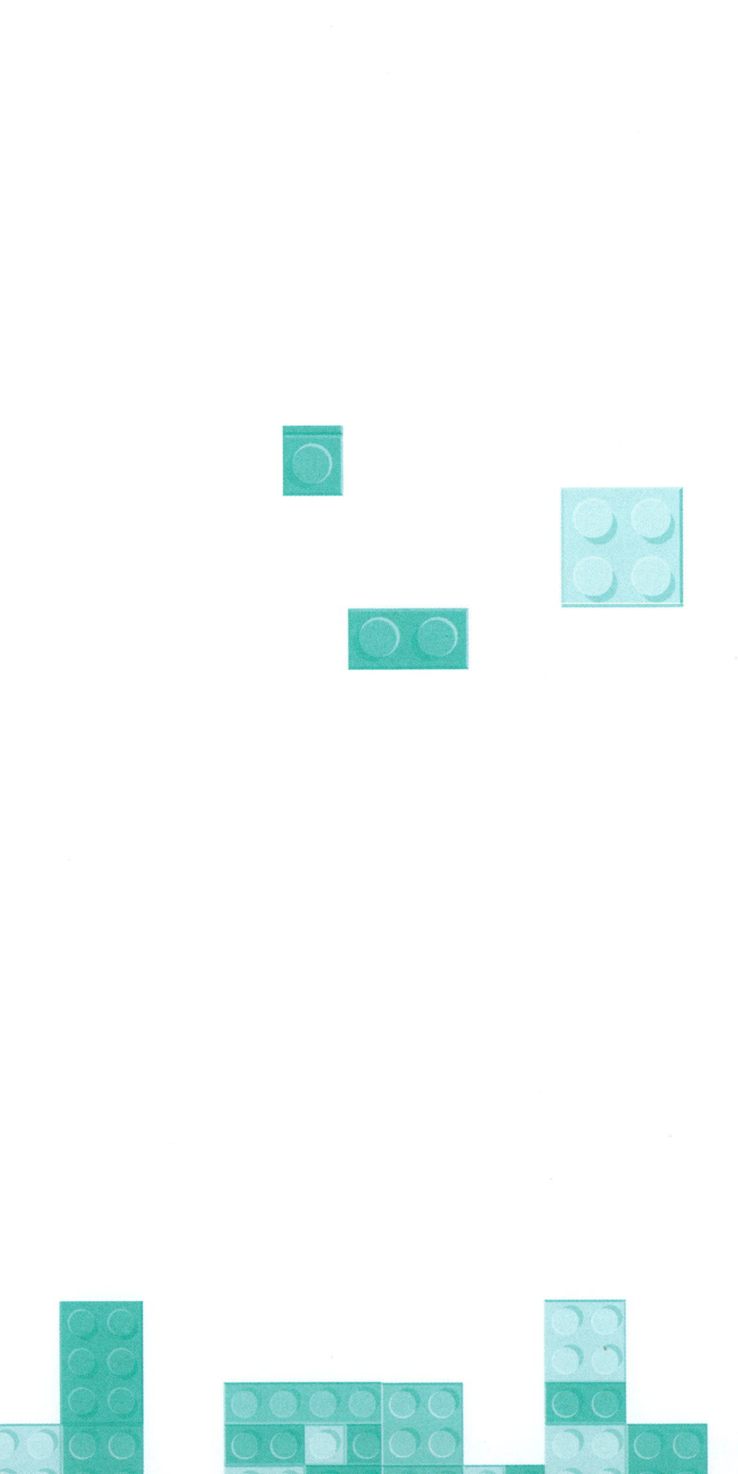

三

你的優勢在哪裏？

根據 2015 年統計處資料顯示，香港每七個勞動人口當中，就有一個從事彈性工作。這類彈性工作人士，佔全港工作人口 13.9%，比起 1999 年上升四成。青協亦在 2016 年以電話訪問了 528 名 15 至 34 歲的香港在職青年，發現有逾半數在過去一年曾彈性就業，年紀愈輕就愈能接受這種工作模式，所以有人指自由工作模式也是新世代趨勢。而在一些訪問中，青年工作模式轉變，最重視的就是要尋求 work-life balance 和自主工作空間。

這時代最需要回答的問題

翻看 *Forbes* 雜誌時，看到一篇題為 "How To Find Your Purpose In Your Twenties" 的文章，內容雖是針對美國年輕人，但的確説中了很多香港大學生面對的問題，就是他們畢業之後不知道想做什麼工作，並質疑自己的職業及人生道路是否正確，因而變得困惑且恐懼。作為香港青年人的你，是否知道自己的優勢？

發展敏捷靈活管理法

今年是雨傘運動五周年，這場由年輕人主導的社會運動，顯示新一代並非每個都是某些人口中的

「廢青」，而是能夠把握時機探索自己的未來、努力尋找理想的新一代。

在港人首次嚐到催淚彈的滋味時，羣眾在短短數小時內便從網上找到應付催淚彈的方法，再透過網絡效應及羣體合作對付這種從未經歷過的突發狀況。其後，以學生為中心的佔領運動，除了活用流動科技及網上通訊平台跟參與的羣眾溝通，更發展出秩序井然的物資供應系統，這種敏捷且靈活的新式項目管理 Agile Management，也正是許多成功初創公司所使用的方案。

新媒體帶來的機會

新媒體的興起亦標誌着舊媒體的淡出，傳統的紙媒及電視都在改變。先不說幾年前有意加入電視市場的 HKTV 為例，其鎩羽而歸的原因不只是未能申請到牌照，更因為人們的生活已不只傳統電視節目。紙媒情況也不見得樂觀，連《蘋果日報》亦須減少其印刷量以應付市場的萎縮。

市場正在改變，現在大家想看的不只是 24 小時新聞或戲劇，還包括網民拍攝並上載的 UGC（User-generated content）。Facebook 及應用程式「17」鼓勵每個人都成為內容供應者，並隨時把內容現場直播，成為大眾獲取最新消息的渠道。社交媒體亦在佔領運動中大放異彩，例如《100 毛》的出現，各主題網站爭奪網上市場的同時，亦豐富了本港文化產業內容。

追求理想學習新事物

前文提過以色列的青年人。以色列的初創企業近年發展蓬勃，被譽為創業之國（Startup Nation）。

以色列青年人 18 歲入伍，一般至 22 歲退役後，他們便會給自己一年的 Gap Year，期間他們多是去旅行和嘗試新事物，訂定自己的人生目標再回校進修，27、28 歲時大展身手。由於心智成熟，更有識見和能力去創業，這可能亦是當地創新科技興盛的原因。我不肯定以色列這種方式是否適合香港文化，但的確值得參考。

我發覺現今很多年輕人更有自信，可說是「唔怕無工做」。科技的進步、市場的改變、年輕人的學習能力催生了自由工作者、slash 及 Startup 初創潮的興起，強大的學習能力讓年輕人有更多選擇。尤其值得高興的是，年輕人懂得追求自己的理想，學習和嘗試新事物，不再受社會、家長或政府設定的既定模式限制。

所以我認為對年輕人來説最大的挑戰不過是前文的一句話：「尋找自己的目標。」

Z世代生存之道

「八十後」曾是年輕人的代名詞，但現已踏入奔四之年，生於網絡時代的「九五後」才可說是年輕一代。要明白年輕人的想法從來不是易事，投身教師行列好一陣子，我才敢說略為明白他們，用政府的說法是終於 connected。

按美國人口學家 William J. Schroer 的分類，「九五後」被劃分為「Z 世代」(Z Generation)。適逢 1995 年是互聯網正式誕生的一年，又稱互聯網世紀元年，而對世界影響舉足輕重的 HTML、瀏覽器 (Browser)、Amazon 和 ICQ 都在這一年誕生。Z 世代可以說是「數碼原住民」(Digital Natives)，而較年長的一輩都只是努力熟悉數碼世界的移民而已。

分心的新族羣？

Z世代一出生便接觸網絡科技和智能產品，大部分人甚至比1998年創立的Google還要年輕。Z世代成長環境與上一代比較，有着天翻地覆的分別。一條YouTube上的嬰孩視頻足以完美詮釋時代的變遷，例如給嬰孩一本雜誌，他拿上手不是口咬或是逐頁翻揭，而是試圖將圖片縮小放大，最終當然徒勞無功，但足以見識到這些和iPad等智能產品一起長大的千禧BB對新事物的處理方式，的確是不折不扣的「數碼原住民」。

隨着年代的政經環境、生活方式、科技發展，每個年代的人各有不同特徵。數碼科技如何塑造Z世代是一個值得深思的議題，因為他們的思考方式及價值觀，與見證科技發展的數碼移民（Digital Migrants），即上幾代人大有不同。他們的注意力比較短暫亦較難集中，一般愛媒體多於文字，但不代表他們不愛學習。事實上，Z 世代是學習知識最多的一羣。在相同年紀，他們周遊列國的經驗亦遠較年長一輩為高，絕對稱得上是見多識廣。

對於這一代人來說，一心多用（Multi-tasking）是家常便飯，只顧打一份工不是理想的出路，同時扮演不同角色或從事不同工作的 slash 模式，反而是他們的心水選擇。這不僅見於已經出來工作的首批 Z 世代，甚至還在讀書的一羣亦已經開始加入 slash 行列。

首批 Z 世代已經大學畢業，投入職場工作，他們的價值觀難免與現有運作模式產生碰撞。然而，在科技下成長的他們是相當有趣的一代，既擁有大量創意亦懂得靈活運用，我們需要學會欣賞他們的思想和差異，給予空間讓這些未來的主人翁締造更好的時代。

此外，有別於傳統打工心態，Z 世代的想法要偏向創業型，願意離開既有舒適區、承擔風險和從失敗中學習；亦要活用數碼時代優勢，建立人際網絡和學習知識，作多角度思考並能靈活處理不同工作。

我曾與一羣中三同學交流，赫然發現有其中幾位已具備多重「身分」，除了學生本職之外，更在 Instagram 上開店，銷售甜品及波鞋。作為在大學教授學生創業課程的老師，我驚訝於他們年紀小小便能處理複雜的企業運營，不由得驚歎後生可畏。

把自己打造成一家企業

另一本對斜槓人生深具啟發性的書，是 Dorie Clark 撰寫的 *Entrepreneurial You*，獲《哈佛商業評論》（*Harvard Business Review*）選為「2017 年最重要的商業書籍之一」（One of the most important business books of 2017）。她強調當今工作環境改變，人要裝備創業精神，即把自己打造成為一家企業。要成為斜槓職人，就是要裝備企業家特質——不怕失敗、勇於學習、解難能力、尋找客戶和設計思維等。即使我是創業學的老師，只能明言這些特質沒法在課堂上教授，但我會用環境去傳遞，讓人在環境中學習企業家精神特質。

我的課上有一位學生已在Facebook和Instagram開網上店售賣球鞋。他仔細觀察世界各地新款波鞋推出及銷售情況，發現同款波鞋在日本出售利潤可觀。於是，他在南美以低價入貨，委托巴西代理直接將波鞋運給日本買家，一買一賣，從中獲利。由於波鞋專家確認日本訂單後，才向美國訂貨，毋須大量現金流，可謂無本生利。過程中他要學習觀察，了解不同環境的特質，了解客人需要，溝通和傳遞信息等，這些都是發展不同的能力，裝備自己。想法就是把自己當成一家企業去經營，也就是建立自己的生命，做好自己。

4C能力

Facebook創辦人朱克伯格（Mark Zuckerberg）應該是不少年輕一輩的偶像，他相信當大學生畢業之時，最熱門的工作與他們進入大學時已截然不同，所以即使他考入人人夢寐以求的哈佛大學，仍決定中途退學創業，成就了 Facebook 這個網上王國。雖然朱克伯格此番言論是指數據行銷會取代傳統推廣方式，但其實大數據的推廣使用已在多個行業出現，現今不少工作都要求要對科技有一定認識，以達致更靈活及高效的運作方案。

當網上已有海量的學習資訊，不少大學生質疑是否需要長途跋涉親身到學校上課。當然不是人人都可以是朱克伯格，但明知學習所得的知識在畢業後未必有用，工作隨時因科技而改變或被淘汰，傳統公司結構出現變化，AI 更會是他們工作上最大競爭者，所謂的人生規劃愈來愈難做，年輕人難免感到迷惘躁動。

Z 世代的成長環境與之前出生的人大不相同，他們一出世便接觸網絡科技和智能產品，幾乎毋須等待便可即時與人聯繫通訊。海量的資訊唾手可得，只是未有足夠時間學習吸收。即時新聞環繞四周，但亦混合了不少假消息。儘管交友遍天下，但都是在熒幕背後進行，一旦要面對面溝通便無所適從。

到底 Z 世代要如何把握機會？數碼技能和寫讀能力固然不可或缺，另外便是對「4C」的掌握和運用，即是：

- 創造力（Creativity）
- 團隊合作（Collaboration）
- 批判性思維（Critical Thinking）
- 溝通能力（Communication）

若能把 4C 好好掌握，再配合相關的職業技能則更完美。面對急速變化的未知未來，Z 世代缺乏安全感在所難免，然而他們亦具備前人未有的知識以及各種工具，只須勇敢點向前走，未來充滿無限可能。

李心悅——工作是生命經歷的凝聚

生命頌禮師 @ 毋忘愛

李心悅的 slash 項目包括了擔任製作短片、參與編劇工作的創作人和插畫師，閒時喜歡撿拾枯葉、看樹木。2017 年她成為共享工作空間 Trial and Error Lab 的青年駐場夥伴，給自己一年時間，嘗試把枯葉故事化成行動，那是一個關於生命、自我尋索的行動。之後她加入了非牟利組織，成為全職的生命頌禮師。

世人如何記住一個人

與一般人不同，心悅自小都不抗拒參與親人的喪禮，尤其用心留意當中的細節。

「小六時婆婆去世，媽媽、姨姨們跟她很親

近，會在靈堂過夜。」才 11 歲的她，首次意識到家族中一個重要的人離世，大家會用許多行動來悼念，對她來說是一次喪禮的啟蒙。「那時我喜歡摺紙，會摺百合花。不知哪來的啟發，我打算摺一堆花送給婆婆，於是我、姐姐和表兄都一起來摺花了。」母親將紙花放在婆婆遺體的被子上，讓花朵陪伴婆婆走最後一段路。心悅一直很喜歡繪畫和藝術，用這方式跟婆婆道別，小小心靈對親人的懷念得到抒發，同時給予其他家庭成員點點安慰。

後來在她的整個成長過程，不時需要參與親友的喪禮，「因為自小上教會認識不同年齡的朋友，也就常去參加他們或他們家人的喪禮和安息禮拜。看着靈堂上不認識或認識的人像相片，自然會想像許多關於這人生前的事情。喪禮的儀式，不論是道教、佛教、基督教或天主教，不同的儀式，我都有興趣看看，了解當中的意思。」

不過她更關心的，是每個喪禮的獨特性——怎樣才能好好去紀念一個人？逝者是一個怎樣的人？他想怎樣與大家告別？「公公在我讀中學時去世，靈堂裏放滿鮮花，花香滿溢，但他生前有說過愛花嗎？……其實我不知道他喜歡什麼花。」

「心裏一直想做跟喪禮有關的藝術創作。」升上城市大學，長長走廊上的儲物櫃排列得像靈位，櫃門有一個號碼，她就覺得內裏空間正好與骨灰位大小相若。「於是大學一年級時，我就改裝自己的儲物櫃，放了小型花圈、棺木、縮小的自己和一塊小鏡，做了一個『靈堂』，成為一個小型藝術裝置。」她的「靈堂佈置」，當時還請來母親、朋友參觀，「有什麼好忌諱呢，都是把身後事的想法，用藝術來表達而已。」

大學畢業作品也是有關喪禮和死亡的短片《忘語花》。她花了大半年搜集殯儀館花店和生死教育的資料，創作一個關於殯儀館旁的花店東主與買花圈小孩的故事。作品入選了 2012 年「鮮浪潮」國際短片節，並獲得「鮮浪潮大獎」及公開組最佳電影。她亦終於把多年來對喪禮和死亡的思考融入錄像之中。

重新聚焦的空間

心悅從城市大學的創意媒體系畢業後，很快就投進嚮往的電影世界，跟許多創作人一樣，過着沒日沒夜的工作生涯；喪禮、死亡的思考，離她愈來愈遠。不過這工作充滿趣味，跟富經驗的電影人和團隊工作，是她夢寐以求的。不過工作總是有苦有樂，樂的是一個團隊並肩作戰，辛辛苦苦工作了一個通宵，然後一起吃早餐，享受辛勞過後的安竭。但也有有苦自知的時候，有時拍了的片會因種種無法控制的因素未能上映，有時拍出來的質素也未如理想。艱辛的工作，大大影響了她的生活和情緒，工作佔去她的大部分腦袋。

有次在北京工作時，她每天待在酒店房間剪片。當她工作得天昏地暗，傳來祖母去世的噩耗。痛哭過後，她仍然要剪片，把傷痛暫擱，「為什麼一個重要的人離世，世界還是照樣運作？」這條問題一直在她腦中縈迴。

祖母去世，像是長輩給她的一次提醒，「我仍有個問題解不開：一個人死了，會為世界留下什麼？是作品嗎？有時我做的創作很差，反復地覺得自己一事無成，有時很積極去解決，有時很挫敗。記得一位老師曾提醒我們，人的存在本身已是價值，不是用做了什麼來衡量，當時令我很感動。但每當我有做不好的事時，又會跌入一事無成的自責中。」

正當她還在這痛苦的輪迴中掙扎時，她遇上一次更震撼的經歷。

一個暗戀男孩的再啟蒙

「我小學時短暫暗戀的男生去世。許多情感、回憶都湧現出來，我不能自已傷心、難過、哭泣，哭不到時，甚至想嘔，很難受。明明多年已沒聯絡，為什麼要這樣傷心？朋友還會責備我不過是享受傷心的情緒。」

「後來有一個早上，聽着歌，我慢慢想起這位同學曾帶給我的美好歲月。他小時候跟我分享無聊笑話、一起被老師罵、一起隔空看籃球比賽轉播。原來，這個人很重要。那是在他離開後，我才記起的。」她稍稍釋懷，「他死後，我才了解到他的好。」

她明白最好的告別，不是完成一個宗教儀式又或大灑金錢的喪禮，「他是用另一種方式告訴我，應該好好記念一個人，繼續和他連上關係，帶着他給予的生活下去。」

枯葉帶來的共鳴

這一年，心悅重拾畫筆，繪下生命感悟。她發現重拾繪畫，能享受過程中純粹對事物的觀察與描繪。她也離開全職電影人的行列，做自由人，以教畫畫和繪畫維生，有時也會接劇本創作。不過家裏始終不是理想的工作環境，也不容易建立有規律的工作方式，於是她加入 Trial and Error Lab。在這期間她開始了一個「枯葉計劃」，也在 2017 年底，與朋友製作了一個多媒體演出《休止禮》，內容是在一名青年人的喪禮，如何重拾生者和死者間回憶的演出。。

枯葉是她找來的「主角」，描繪她對死亡的看法，「枯葉本來有生命，可是脫離了大樹，落在人世，被踐踏，沒有價值。但，它們真的沒有價值嗎？每塊枯葉的色調其實很美，顏色變化也很好看。每個生命不是也有值得欣賞的地方嗎？在喪禮中，我們可不可以同樣細細欣賞一個人的生命？」

故事中的主人翁，名為「木子」，是一塊英年早逝的樹葉。他面容枯槁時，會想敷面膜；他開心時，會避過路人的踐踏去跳舞；他難過時，身上已沒有水份，難以擠出一滴眼淚；他想念親人，會前往自己的喪禮……

後來她又把枯葉故事命名為「心病還需森藥醫」，創作插畫、明信片，去市集跟人分享，希望以枯葉創作來鼓勵人思考生命。

2018 年，她把枯葉「木子」描繪成一個早逝的年輕人，畫成 20 張插畫故事，在 Trial and Error Lab 成果展展出，「我想像『木子』想過做偉人、想過結婚、想過環遊世界，就像我們每個人一樣。可惜他未實現夢想已經離世，但他是幸運的，他的靈魂有份參與自己的喪禮，看着自己被化妝、穿衣、朋友幫他張羅喜歡的佈置和音樂，而他喜歡的女孩子也來了。」

找到一生一世的事

心悅在 Trial and Error Lab 待了接近兩年，雖然做自由人的收入不算穩定，但總算能盡責任給家用。回顧當自由人的日子，她認為最寶貴的收穫是在共享空間中結識一羣朋友，他們的手工藝，既在創作上啟發她，而這羣朋友也在人生路上互相扶持，彼此傾訴。

然而當自由人最大的困難不是來自錢，「我進入了一段創作枯竭的時間，別人說很易就可做出來的東西，我怎也無法做到。」但因她是個自由人，有空間檢視自己。原來個人的心靈狀態，會在創作上反映出來，於是她開始正視自己的生命狀態，重新認識自己、了解自己，處理自己的情緒，還梳理個人的經歷。這個自我整理的階段，成為裝備她前行的動力。

這段時間，心悅參加了非牟利機構「毋忘愛」生死教育的義工課程，「希望進一步學習和生死有關的事。」該機構引入生命頌禮和殯儀禮賓師服務，心悅由最初上課當義工，後來決定做全職同工，成為生命頌禮師。

生命頌禮師不是傳統的殯儀統籌，他們的工作固然包括為家屬打點與離世者有關的大小事宜，但更重要的是如何在喪禮上讓家人送別死者，籌辦有意義的喪禮，肯定和表揚死者的一生及貢獻，並安撫家屬的心靈需要。她會了解死者生前的愛好，安排合適的告別方式，並在喪禮展示死者的愛好等，例如死者生前是愛好音樂的，她會把遺照放在鋼琴上，以展示死者是音樂愛好者。

這份工作正正是把她多年的經歷、天分和喜好融合起來，以藝術和創意，把對生命的關懷轉化成服侍一個一個家庭的職分。「如果可以，這是一份想做一世的工作。」

心悅會用「幸福」來形容現今的工作，即或工作中要陪同家屬一起經歷哀傷，自己的情緒也不免受感染。但她看到這份工作的價值，是藉服務更新社會對喪禮對死亡的想法，讓死者得到尊重，讓生者得着安慰。對工作的未來，她有很多想像，她想發揮自己編劇的才能，幫助機構做更適切的生死教育；也因在喪禮上遇上很有同理心的孩子，啟發她也許將來可以培育小孩成為小生命頌禮師，安慰家人；她也希望更新殯儀的文化，好讓死者得到更多的尊重，「台灣和日本已能做到，希望香港也有一天能做到。」

原載 https://trialanderror.hk/2018/04/19/sumyuet/（by Gi），再由編輯撰寫補充訪問。

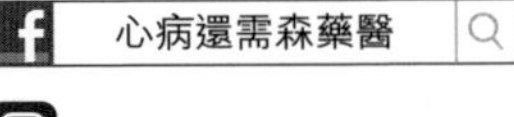

SLASH

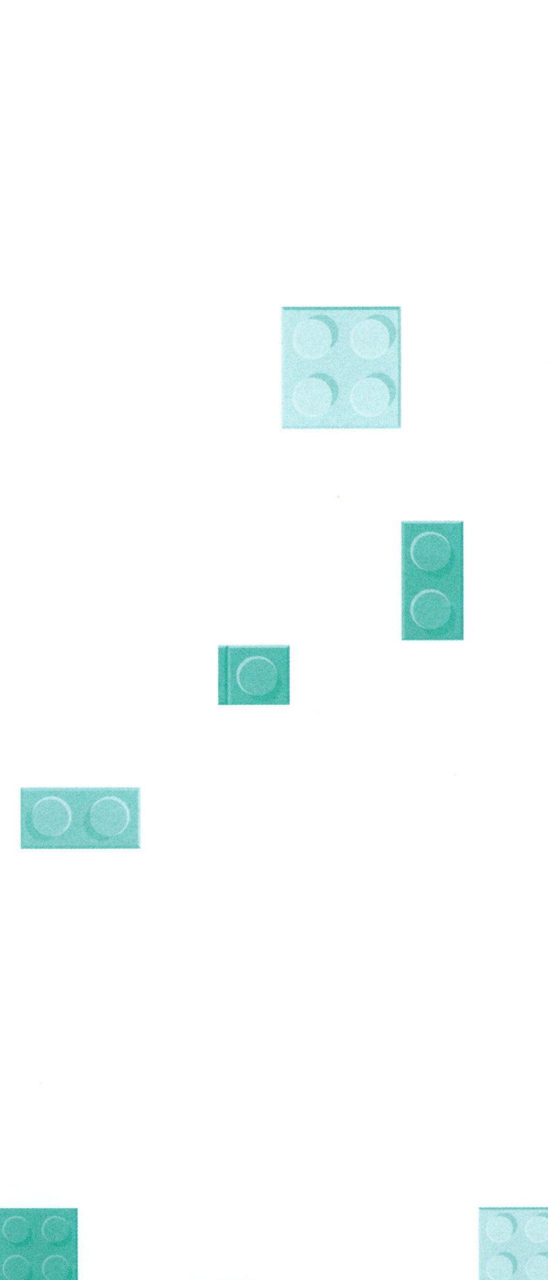

四

斜槓職人的裝備

Marci Alboher 提出四種斜槓身分組合，包括：收入 + 愛好、左腦 + 右腦、大腦 + 身體、知識組合（寫作 + 教學 + 演講 + 顧問），不過更重要的是軟實力，你要如何裝備自己成為斜槓一族？

工作的重新想像

數年前很多人「聽都未聽過」的數碼推廣（Digital Marketing），已成為現今最熱門工作之一，更有望打敗傳統交通工具或電視廣告，成為市場推廣的最主要渠道。

可能有人認為，傳統市場推廣人員可以兼顧數碼市場，但情況遠遠沒有這樣簡單。我曾報讀一個 Digital Marketing 課程，身為資深電腦人兼且經驗無數的市場推廣專家，第一堂課便感到力有不逮，因為學員必須懂得 Python 編程語言，才可在 Google 或 Facebook 上提取所需的市場數據。

數碼推廣講求的是跨學科人才，亦可謂是未來工作的一個例子，現時估計會出現的工作如大數據醫療分析師、AI財務顧問、無人機管理人才，均需要使用大數據或人工智能，可以預計跨學科人才將是未來職場的贏家。面對愈趨嚴峻的就業市場，畢業生們準備好沒有？

傳統職業蛻變成自由工作者

傳媒、電腦等行業已出現大量自由工作者，甚至出現一個獨立的體系。有些傳統行業亦在悄悄改變，教師便是其中之一。一直被視為傳統行業的教育界，亦因為電子教學的實施，開始見到類似趨勢。

香港目前有約1000間學校已經或正準備提升學校的無線網絡基建，為學生未來自攜裝置（Bring Your Own Device）的上學模式作好準備。這中間將涉及逾億元的投資，除了對「硬件」如電子設備和可携裝置產生龐大需求外，人力亦是不可少的一環。學校需要聘用大量電腦人才，而為了配合教學所需，專責系統營運的電腦工程師亦會相當渴市。

隨着教學和科技結合，「電子教學顧問」此一新職位將應運而生，我估計需求還會相當殷切。以逾1000 間學校實施電子教學來作估算，最少要數百名顧問才足以應付市場所需。這職位除了要有教學的經驗外，還須對科技有深入了解，才可為學生編寫及挑選最合適的課程。老師們不妨從這個方向，考慮一下未來發展的可能性。我建議老師們可以考慮進修電子學習的專業知識，以顧問方式幫助學界重新設計課程，配合現今及未來的網絡學習時代，未來在這方面的需求將很大！

要學做老闆，又有多難？以前開店就要考慮土地問題，打本租鋪、裝修、入貨，可能沒投資上數百萬都無法一嚐當老板的滋味。可謂未見官先打三十大板。

今時今日，要開一家商店，包括接觸用戶羣，做市場調查，用社交網絡接觸世界上的用戶客人、買貨、賣貨、收費、物流，甚至售後服務，都可以在網上做到！當然如果人人都開店，你的業務就要找到附加價值，提供優質的服務，及消費體驗，生意才可以長做長有。

要到哪兒上班？

隨着自由人、獨立工作者和初創企業愈來愈多，已經促使新的工作場所形態出現。近年興起的共用工作空間（Co-working Space），便打破固定辦公室工作的模式。其理念是在具備基本辦公室設備的公開場地上，讓不同職業背景人士或小型初創企業，以較廉價租金共享設施。

在 CoCoon、Thinkaholic 或 Good Lab 這些共用工作空間內，很多人只需一部 MacBook、一部智能電話再加一杯 double-Expresso，便可開始工作。香港現已有近 70 多個 Co-working Space，可見自由人工作模式之盛行！

要是真的打算當自由工作者，找到合適空間還是很重要的，畢竟家裏未必能專心工作，也不是工作氣氛很濃厚的場所。共享工作間有固定設備，讓人容易專心和有氣氛。更可以在共享空間內結交不同的斜槓職人，建立網絡和合作關係，說不定對工作發展也有幫助。

世界是我的辦公室

現在的共享工作空間已不只是辦公室，有些國家也興起容許國際遊走的斜槓職人以彈性的方式租住物業，或建立 slash 方式的旅遊。例如在香港為基地，到曼谷接下工作，又遊走到英國旅遊，這也是一種 slash 方式。

如今以自由人身分或者項目形式工作的，已不限於年輕人，很多曾在大公司工作的僱員亦選擇了這條新路，換取更靈活的時間安排以及當家作主的感覺和自豪感。每一位努力工作的人，都是在為社會作出自己的貢獻。

科技的進步締造了新的工作模式，既然這已經成為時勢，我們何不趁勢而起，發揮自己所長，創造更大的價值。

T形學習方式

前文已多次提出 slash 應該以 T-model 為核心，以此作自我裝備。

每年到大學聯招時，看着五花八門的學科，同學們都感到花多眼亂。若決定不了選哪一科，可以考慮「停一停、諗一諗」，先度過一個 gap year 才展開大學生活。總之選擇多多，視乎個人需要而定。

現今世界資訊爆炸，讀萬卷書不難；而機票食宿價格愈來愈便宜，行萬里路亦不再罕有。年輕人可以選擇工作假期，一次過滿足學習、賺錢和旅遊三個願望。雖然學了不少東西，也到過不少地方，年輕一代即使經驗多多，但若被問及「哪一方面最厲害」，反而答不上來的居多。

專才與通才的配搭

學得多固然是一件好事，正如之前所説，現在工作往往要求不只一項技能，但我認為做人還是應該有一項專長，以支持日後進一步發展，這種學習方式我稱為 T-Model。在這個角度，「T」字「豎」所指是垂直縱深的專業本事，「橫」則代表其他領域的應用能力。換言之，就是「專業中的通才」，既有專長作為基礎，又可以透過不斷跨界學習並持續成長，讓自己的專業更加堅固及無可取代。

選一個範疇專注做好，成為事業中軸 —— 以 T 的軸心代表，並將這範疇的知識和經驗，廣泛應用於不同行業或地域；以 T 的頂部代表；把自己的強項轉化為既深且廣的事業發展，帶來跨領域的合作機遇。例如，製造數碼市場產品的，需要精通程式編寫和市場學知識的人才，缺一不可；若然沒有跨學科知識和經驗，難以成事。在數碼時代，萬事萬物和各行各業不斷變化，斜槓職人需要跨學科（cross-disciplines）、跨國界（cross-countries）、跨行業（cross-industries）的眼界，學習新事物，主動尋求知識、豐富經驗，向一個鎖定方向，摸着石子過河。

認識一位二十來歲的女生，本是讀設計，專注研究用家經驗，編寫了獲世界獎項的應用程式。在職場上，她是炙手可熱人才，幾年間不停轉工，沒打算在一家公司扎根發展，因她希望到世界各地增廣見聞。從做設計、寫應用程式、做零售……到日常生活，都專注研究和觀察用家經驗。此課題不是在學院修多少學分就會明白。在 T-Model 中，她的軸心就是研究用家經驗，並透過不同經驗，探索其他可能。

跨界合作日益重要

很多人認為書是讀得愈久愈好，但除了打算深入研究某一專項的人士外，一般人並非讀得愈多、學得愈久才算是打好基礎。在可見未來，幾乎每一項工作都需要跨界合作，例如把科技應用在 Marketing 上的 Digital Marketing，又或是把人工智能或機械人套用到醫療之中，就算是行內資深人士亦需要重新學習，以追上時代的變化。因此在打好知識基礎後，融會貫通並應用在實際生活之中，才最為重要。

以數據為例，人們生活愈來愈受數據影響，但如何能把握這個發展機會？不少年輕人會選擇修讀數據相關學科，從而理解數據收集、處理及分析方式。至於日後能否把知識靈活運用到現實之中，則取決於兩個條件：一是知識基礎，二是眼界及思維的彈性。以我自己為例，這幾年來每作新嘗試，第一步想的都是如何利用科技上的專長，來改變固有項目運作方式，以達致更佳的成果或更大的價值。

就如一把牛油刀，最基本的功用當然是用來塗牛油，但亦有人將其當成雕刻工具，將牛油化成一件件餐桌上的藝術品。在瞬息萬變的時代，單一專長已無法滿足社會人發展所需，T-Model 便是讓我們在自己的專長上找出「潛力」，可以隨時延伸發展，確保自己可以發揮所長，更不容易被取代。

我也是按 T-Model 發展我的斜槓模式，詳見下文我的故事。

Slashie 的基本裝備

Slash 這種工作模式的興起，引起不少人熱議。這種既有工作彈性，又能夠自己安排時間的工作模式，確實是不少年輕人的心水之選，當中成功個案比比皆是，但失敗例子亦不少。

很多人認為 slash 工作欠缺安全感和穩定性，並非理想之選。我同意並非人人合適當 slashie，但確是可以考慮的選項。不過我認為某些「技能」仍可以幫助我們應對瞬息萬變的環境。若有意做 slashie 又想取得成果，有幾個建議可供大家參考一下。

1. 分飾多角需「周身刀」

相對於大企業內每人專精單一位置或技術，以達致產能的最大化，小本經營的自由工作者則需要一人分飾多角，「踩過界」的橫向學習更是必備技能。除了具備良好的語文水平和表達能力，還必須掌握相關的基本技能，例如做記者的要懂得如何編輯影片或製片，做市場推廣的要懂會計賬，玩電腦的要學會商貿知識，一定要「周身刀」才能更有機會拓展自己的工作。

2. 學會學習

考慮到任何技能都會變得過時，自由工作者必須「學會學習」，提升自己的技能以緊貼市場變化，才有效能解決問題及保持出色表現。

3. 工作規律

別以為自由身便沒有拘束，為工作訂下規律其實相當重要。既然要經常變換角色，很多自由工作者在完成一階段的工作後，後續便交由他人處理，所以必須習慣建立完整的檔案或者系統，才可確保工作順暢。

4. 辨別優次

還有一點不可不提，便是要懂得分辨輕重緩急。我一向佩服年輕一代有能夠同時處理多項工作的能力。然而，他們不懂得分辨事情的優先順序這一點，則令我感到無可奈何。

既然自由工作者往往需要與不同單位合作，時間必須拿捏準確，按時把工作交予合作單位，以免廢時失事，讓該單位不敢再把項目交托。

Slashie 的進修路

我希望若你要成為 slashie，不是為找生計不得不做，或者是因找不到正職而做的無奈決定，更不是因逃避工作而炒散的人生態度，簡單而言就是「懶」和「hea」。而是目標清晰，方向明確的人生策略。

我認為，因為沒有工作而選擇「炒散」，這種做法在現今社會的可能性不大，畢竟在最低工資的環境下，較為辛苦的工種，例如飲食或運輸業尚且出現「有工無人做」的情況，皆因在同一水平的工資下，不少人會選擇如保安此類較安穩舒服的工作，肯吃苦的年輕人不可能找不到工。

那是因為「懶」和「hea」嗎？很多人都認為 slashie 根本是毋須為口奔馳的另類，但真的代表可以「hea」做嗎？其實不少 slashie 的工作時間比有正職的人還要長，周六日還持續「on call」的狀態，這種說法未免對他們不公平。

然而，要避免一不小心變成兼職達人，slashie 還是應該採取 T 形的人才發展策略。換言之，既有專長作為基礎，再不斷跨界學習持續成長，讓自己的專業更加堅固及無可取代，這個 T 便可以愈來愈大，支持繼續探索與創新。

在這種策略下，你要進修時千萬不要「求其」找一個課程充數，最好先想清楚自己的專長和未來發展方向，舉例說，若是考慮到大數據在未來十幾年甚至更長時間，不斷改變人類的生活習慣、模式及行業組成結構，想抓住這個機遇，便要理解數據如何收集、處理及分析方式，修讀相關學科，包括程式設計（programming）及編程（coding）。在應用方面，不要限制自己，大可以跨學科、跨行業及地域發展，方可汲取經驗，擴闊眼界。

抱着找家大公司棲身，日復一日工作，排資論輩升職，安安穩穩退休，這樣的人生規劃已經不合時宜，與其祈禱未來無災無難，風調雨順，倒不如未雨綢繆，為自己的人生作好準備。

從詠春學習 unlearn

有位曾任科技公司 COO 的朋友，十多年前毅然放棄高薪厚職，幫忙師父經營武館。早前我們再聚，發現這位老朋友已成為詠春高手，更激發我膽粗粗一把年紀來學武。

一學之下，發現詠春的根本，就是在挑戰我的既有常識 —— 一般出拳的力度強弱，視乎速度及距離而定。但詠春最著名的是「寸勁」，能夠在短距離爆發出極大力量。寸勁的理論在此不贅，但對我來說，無疑是必須拋棄固有概念才能學懂的新事物。

需要放棄（unlearn）常識重新學習的情況，又何止是詠春？這幾年我從商界轉投教育界，每個項目都要從頭學起：無論是讓小學生夢想成真的社會創新教育計劃 DreamStarter（啟夢者計劃）（詳參我的另一本著作《讓孩子成為創業家——一場創意教育》），或是讓中學生一嚐做老闆滋味的 JA（Junior Achievement Hong Kong）學生營商體驗計劃，甚至是我在大學教授的創業學（Entrepreneurship Education），對教育界來説都是新事物。無論在課程設計或教授方式，都要從無到有來逐一打造。

學習的態度固然重要，但師資的力量亦不可小覷。中國人流行一種説法是「教識徒弟無師父」，指師父在教徒弟時會「留一手」絕招，以防徒弟超越自己。人人保留絕招，再多的絕世武功都會失傳；然而師父傾囊相授，亦不代表學生一定會成為高手，或者可以把門派武術發揚光大。

對師父而言，照本宣科的傳授方法固然容易，但即使練習內容和時間完全一樣，也不能肯定每個徒弟都會成才。師父要因應學生的資質、理解及感受來調整學習方式，讓學生兼收並蓄，才能從心出發，以現有武術作為基礎再創新招，進一步發揚光大。

引導下一代思考求真

當科技進步，學生能夠從多個不同渠道吸收知識，我們應否仍然一如以往，死板板地教授課文？還是引導其思考求真的態度，發現問題並加以解決？對於不同「資質」的學生，又能否拔尖補底，令其可以發展所長？這其實是所有為人師表都要考慮的問題。

科技快速發展，世界正在轉變，社會創新令到傳統工業及商業消失的趨勢，已經是無可避免。在未來 5 至 10 年，AI 廣泛應用，很多職位都會被取代，無論是打算為自己未來訂下計劃的大學生、正就大學選科的中學生，又或是培養年幼子女的父母，都在憂慮今日的選擇未必能配合未來的需要。與其煩惱未來會如何，倒不如學懂 unlearn，放下常識，接受新事物，反而更有助在這快速變化的世界中生存。

《讓孩子成為創業家》

智慧創造者

早年我曾創業，然後加入了大企業，工作了好幾年後，我又再靜極思動，重返創業之路。創業並無年齡限制，打算創業的人，像我這種曾經創業、又效力過大企業的人固然有之，剛畢業進入社會的新鮮人亦不少。有趣的是，相比過去大部分畢業生首選投身大企業，現在愈來愈多年輕人選擇自行創業，掌握自己的未來。

互聯網浪潮自 90 年代席捲全球，新一代年輕人自小受到互聯網思想影響，往往被標籤為欠缺紀律，甚至是叛逆。不過，他們亦同時擁有對新事物的強大接受力，能靈活運用科技實現各種新奇想法，為未來創業打下良好基礎。

那到底如何才可成功創業？可以參考 Google 主席施密特（Eric Schmidt）與羅森柏格（Jonathan Rosenberg）的著作《Google 模式：挑戰瘋狂變化世界的經營思維與工作邏輯》*How Google Works*。Google 絕對是青年創業最成功的例子之一，一手培育這家公司的施密特認為，最重要的是人才和創意。一家成功企業的首要條件，便是塑造一個自由的環境，吸引各式各樣兼具創意與執行力的「智慧創造者」（Smart Creative）加盟。

吸納 Smart Creative 展所長

這些 Smart Creative 不止具備專業知識，還有商業頭腦，最重要是他們特別喜歡質疑現狀，只要向他們提供與時俱進的科技及足夠的自由度，完全可以像「變魔術」般達到遠超預期的成果。

要讓這羣人發揮創造力和執行力，不能採用僵硬的管理方法。以項目或產品劃分的小組模式，遠比大量員工參與的典型計劃模式更有效率。若有需要，不妨讓部分同事以自由人身分參與團隊項目，以求能發展所長，又免受制度所限。此外，為了吸引和保留人才，應讓他們參與決策，讓員工知道他們是跟經營成果榮辱與共的決策人之一。我甚至認為，只要是人才，我不介意用同盟（Strategic Alliance）的方式合作，以達到共贏。

讀工商管理時，必修課之一是撰寫商業計劃書（Business Plan）；但若只懂跟計劃走，便很易被淘汰。因此，最重要是有具備戰略基礎（Strategic Foundation），計劃可以有，但要知道計劃一定是會變化的，只有戰略基礎不變。好的戰略基礎包含三個要素：獨特的產品、追求增長而非收入、了解而非追隨競爭對手。

其實，這些管理哲學不僅適用於新創或科技企業，亦適用於所有企業。科技正從根本上改變各行各業，甚至打破了傳統行業的保護網。由科技帶動的共享經濟經營模式、大數據、O2O（Online-to-Offline）及雲計算等，催生了新的企業模式。幾年前，大家都想不到 Uber 可以顛覆全球的士行業，尋找旅遊住宿的 Airbnb 會打破旅行社及酒店的業務模式吧？

科技正在推動世界改變，不妨問問自己，有什麼事情可能在五年成真，無論是多麼匪夷所思，只要懷着夢想進行實踐，便有可能成功。我就是這樣一個懷着夢想的創業者，正需要能「變魔術」的 Smart Creative，你有沒有能力及興趣接受這挑戰？

設計思維

若問人們設計是什麼，大部分人可能會想到潮流產品，又或者是一種職業，如果設計的意義不過如此，未免低估了其重要性和意義。知名設計公司IDEO及美國史丹福大學是推廣設計思維（Design Thinking）的先驅，前者並就此作出定義——一種以人為本的設計精神與方法，考慮人的需求和行為的同時，也考量科技或商業的可行性。

我在十多年前首次接觸設計思維這個概念，當時正在管理一間上市公司，令我重新思考經營模式與客戶之間的關係。作為一個設計思維的「用家」，就如何好好發揮其效用，有些建議或可供大家參考。

要發揮設計思維，第一步就要懂得忘記，即是前文說的unlearn，將既有的想法及假設全部「delete」，就如工程訓練有時會故意禁止學員利用一些常見的器材，以刺激他們發掘新的想法一樣。其後便可以進入第二個步驟，從用家的角度出發，以「同理心」進一步找出使用者真正的問題和需求，再利用創意尋找解決方案。

任何問題的答案都不會自己「爆」出來，必須經過觀察探究、一再實踐及經歷失敗等多項步驟，才能找到真正的出路。然而，今時今日在政府、企業又或是NGO，無論是年長一輩或是年輕人，都喜愛表現出「一切盡在掌握」的態度，好像一早便知道答案，但最終結果幾乎都是失敗收場。感到唏噓之餘，亦真的覺得所有年齡及職業的人，都應該花時間學習一下設計思維這一門課。

我曾在大學見過唸工商管理的學生，他們會寫周詳計劃書，什麼五年計劃、十年計劃，都寫得巨細無遺。但在科技以光速發展的年代，五年內世界發生什麼事，有什麼外來因素影響商業考慮，誰能準確預測？這些工商管理優異生，寫好商業計劃書，但老師一查問，才發現他們只是一廂情願以主觀思維訂定產品定價，沒詢問過任何目標客戶的意見，計劃寫得多漂亮動人，也是不堪一擊。可是學生願意去聆聽別人的意見嗎？會以對象的角度去考量嗎？

設計就是為了解決問題。蘋果靈魂人物 Steve Job，將科技產品與優良設計結合，塑造出全球消費者趨之若鶩的 iPhone；嶄新優良設計，拯救了一間公司，令其業務起死回生。研發 iPhone 之前，Steve Job 做過什麼？他搜集過資料，問過用家期望，並將資料整合，才研發出具市場競爭力的產品。

設計必須從客戶角度出發，以客戶心理去改進產品；什麼是同理心？從別人角度出發，去理解對方感受，譬如為長者創造改善生活的設計，若然能夠切身處地去理解長者的生活，便更容易設計出適合他們的產品。學習設計思維，也是培育同理心，這對從事任何類型的工作，和不同的人相處合作，都是無往而不利的。

創業家精神

當前的教育與過去 100 年比較，似乎改變不大，都是以教師為中心，課程集中教授學科知識為主。不過，進入工業革命 4.0 的年代，教育所走的步伐是否正跟社會同步呢？現在資訊發達的世界，大量數據流通，知識唾手可得，終身學習並非難以實踐。要真正考慮的是，科技發展一日千里，人工智能也有深度學習的技術時，年輕人正在學習的東西是否足夠面對未來世界？

經濟合作與發展組織（OECD）曾就 21 世紀領導者，在知識、技能、特質與態度、後設學習四大方面臚列出 2030 年所需的核心能力。當中勇氣、彈性或復元力、領導力、創造力等等，其實與企業家精神有異曲同工之妙。

在特質與態度方面，近年不少國家開始推動企業家精神教育，甚至制定為國策。芬蘭的 Me & MyCity 計劃每年為當地超過 4.5 萬名六年級學生灌輸創業和經濟知識。學生需要在一個微型城市中擔任不同的職業角色，工作賺錢，通過體驗式學習，得到真實世界需要知識和技能。這計劃相當成功，除了贏得掌聲之餘，學生應對困難及與人溝通等的能力提升，自信心及責任心亦增強，才是計劃最大的成效，對整個國家的未來發展都有正面幫助。

知識與技能方面，科技日新月異，處理「大數據」、人工智能及機械人開發的人才需求殷切，培育學生掌握數碼技能的工作變得重要，不容忽視。新加坡總理李顯龍似乎深明此理，要求政府約 20000

個政務主任（AO）以上職級的官員重新學習使用數據分析裝置，又在學校推出基本編碼課程，鼓勵大專學府推行數碼通識的必修課程，無疑是配合國家發展制定未來基礎教育政策的藍本。

特首《施政報告》亦曾強調發展本港的多元經濟，唯教育政策如何滿足需求，如就 21 世紀所需能力的培訓有何長遠教育政策等，都沒有多大落墨。我在幾年前創辦 DreamStarter 計劃，希望透過一個體驗式的尋夢之旅，從小培養學生運用創新思維為社區帶來改變，從中學習企業家精神，凡事懷着信心解決問題，迎接未來。計劃從 2015 年只有一所小學參加，發展至今已有多達幾十所中小學參與。我希望這個計劃能為未來教育作一點貢獻，更希望將來可以成為政府制定相關教育政策時的參考。而我相信這種精神是青年人應對未來改變的重要裝備。

龐一鳴 —— 我從無打過全職工

「港嘢」創辦人「唔幫襯大地產商」發起人 /「一打人去賣藝」搞手 / 香港「真人圖書館」合辦者

「自由工作者的人生，就如走進蘆葦草叢一樣，永遠不會見到前面有什麼，要不停撥開前面的草，才發掘到有路可走。」

龐一鳴，由畢業至今，20 多年，一直也是個自由工作者。

「高中開始，我便讀很多外國雜誌和書本，我感到外面的世界很大。不一定要相信主流對『工作』的定義，也不想自己成為資本主義下被剝削的一羣。」

只要維持生活不就可以？

因為想多做點關心社會的事，他就想不如按着個人的興趣和對社會的觀察，想想如何既可以幫助社會，又可以維生，把這種生活方式變成職業。

「現在一講 freelance，人們都會明白。但以前別人問我的職業，我要花十分鐘才能講得一清二楚。」雖然一直做自由工作者，龐一鳴一直感到自己活得好好。每月只有幾千元花費，就算不算豐厚的收入也足夠維持生活，只要別想買樓就好了。「既然全職工作也無法儲錢置業，那就不如揚棄這道金科玉律，選擇做自己喜歡的事，過自己想過的生活。只要不買樓、和家人同住，就可以省下一大筆錢，不需要做全職也足夠生活。」

想做有意義的事

剛畢業，他做的第一個項目是新移民適應課程。後來他推廣社區劇場，搞社區導賞。近年開始發起「一年唔幫襯大地產商」行動、辦「唔幫襯地產商的聖誕」活動，還聯袂「一打人去賣藝」，一羣人去外國以賣藝換取旅費。也參與以支持本地生產，推廣不時不食理念，把消費者和生產者直接聯繫起來的「港嘢」。

「一路走來，我的抱負一直沒有變，我不停為自己創造不同的位置，是因為我想看到改變。當看到有人、有地方需要我時，我想為他們締造一個可令轉變發生的機會。」

未來，還會繼續是自由工作者嗎？他相信「五年後、十年後，我仍在不斷學習，可能偶有彎路或小路出現，但會繼續邊行邊觀察。」

新工作時代

「當世界都用顛覆的方法，重尋工作的意義，我們仍以練精學懶、不求上進來形容『不務正業』的新一代嗎？否定散工和自由工作等非全職工作很容易，也會有一定道理；但社會將會錯失一次反思的契機，平白錯過一次徹底的工作革新。」

龐一鳴認為新的工作模式其實是對上一代人崇尚消費的生活模式的拒絕，「既然不需要高收入去支持高消費的生活，自然可以減少工作時間贖回更多光陰，實踐『自己工作自己話事』。從這角度看，我們不能否認青年人選擇打散工、做 freelance 其是理智和有道理的決定。」

原載於《Breakazine#047 未來工作想像指南》（by Grace），文章經編輯重寫。

孔維樂——自由傳道圓滿了我的呼召

自由傳道 / 社區導賞 / 社區報組織者

孔維樂在初中時代信主，當時他為教會關心社會的熱心而感動，開始上教會。在教會內，他們自發探訪無家者、在中學生週會大談六四後的社會變遷，還有為教會對面街士多患癌的老闆提供援助與同行。

「那時期的教會敢於承擔和擁抱社區，視街坊如自己人，確實有耶穌基督的身影。我當時已立定志向，將來要成為走進人羣的傳道人。」然而 20 年過去，他當上教會傳道後，卻感到關懷社區的心志無疾而終。

離開是為了重遇

有一年暑假，他踏足教會對面的橋底（又稱橋城），那裏居住了 40 多位無家者。「我近距離看他們的臉容，深深感受到他們與我們同是上帝所愛的人。」他感到教會雖說要關懷弱勢，卻無形中築起一道高牆，與貧窮保持距離。又有一次，他結織了住在教會附近一班青年人，為菜園村民發聲。這些都給孔維樂看到教會以外的世界，教會雖期許能活出天國，卻只會操心教內事務，對社會民生政治不參與不討論，他想來就傷心痛悔。

經過三年掙扎，他決定告別生活和事奉 23 年的母會，進入社區，要與被擠在社會金字塔底層的貧苦大眾同行。

為回應他傳道的天職，他依然到教會傳道。他每星期六、日會到不同教會，講述社區受苦者的故事，冀望引起關注。又會辦導賞團，帶人進入社區，察看城市發展對社區和其中居民帶來的影響。他又進入不同抗爭和不幸事件的現場，與受苦的人同行。他身體加行，嘗試把社會上層一些過盛的資源，與社區真正有需要的人連結。每週他會與神學同道一起閱讀神學經典，汲取智慧，學習以神學來思辨是非對錯；又會與不同的組織合作，創造回應社區問題的社會改革行動，盼望能為城市重建公義與愛的社羣關係。

生活從來都是不穩定

離開教會體制，成為自由傳道，也意味着生活要進入沒保障，甚至捱窮的日子。進入社區初期，他花了不少時間聆聽街坊，所以生活只靠週末講道和幾位有心人奉獻支持。收入不穩定，有時每月只有 5000 元左右的收入。有時會忙於帶導賞團，但也有兩、三個月也接不到一次導賞團。

「我必須改變生活習慣，過以簡樸為主調的生活。例如轉用最廉價的電話月費計劃、尋找公共資源和服務、使用免費二手物品、買新物品前要三思，逛街市買餸回家煮食。」但這種生活不是一種限制，反而是重新的信仰學習：「我重新學習從信靠『錢財』到信靠『賜錢財的上帝』。我認定上帝是一切生活所需的供應者。」

孔維樂認為自己算是從「虛假的穩定」走向「真實的人生」。「我想，人內心總有一種想全盤操控過程的野心，希望將來完全合乎自己理想，生活安安穩穩。其實人生本來就不穩定，有這樣的意識，才會學習信靠最穩妥的上帝。」

有一次，他發現銀行只餘下 2000 元，而剛好那個月要交的「卡數」也是 2000 元。他憂慮了一整天，同日卻收到一位朋友的金錢支持，剛好也是 2000 元。「我的信心，是這樣慢慢建立起來的。」

在磨人的日子，他更學習到，要提起勇氣接受別人的幫助，學會「享有而不擁有」的生活哲學。原來在缺乏的日子，人會被激發出更多想像和創意，而他亦能更體會窮人的真實世界，發現共同生活，彼此扶助，才是抗貧的出路。他也因而結識了不少貧窮人，在他們身上看到善與真，或許是在富裕城市、上流社會中難以找到的美善素質。

原載於《Breakazine#047 未來工作想像指南》（作者自述），文章經編輯重寫。

周思中——半農半 X 的生活實驗

農夫 / 教師 / 教育推廣

過去，周思中與不少香港人一樣，過着日日做到無停手的生活。「我從前每逢早上上班，進入大廈那玻璃門，感覺就像進入 18 層地獄，一下班推開那道門卻一身輕。我不是不喜歡當時的工作，只是工時太長，生活太累。」七、八年前，他決定脫離無間地獄，投身「半農半X」，重整生活。

今天的他在田野帶領一羣 home schooling 的家長與孩子落田。他從田間摘下一把「豬腸菜」給孩子嚐，教他們如何在田野玩而又不踏扁農作物。「在田裏我有極大的熱情；你給我 100 小時，我也有說不完的種田話題。」

沒有農夫，誰來生產？

九年前的周思中，興趣肯定不是「談田說地」。他曾經走在社會運動的最前線，不遺餘力保衞天星皇后、反高鐵苦行。「以前我覺得最迫切要做的，是把政府政策、資本家、大財團等等惡行，盡全力出聲反對或行動。」

直至在菜園村，他慢慢思考，什麼才是真正的生活。「以前我以為沒有政府、沒有李嘉誠，便會好起來，但其實交通、食物、能源，我們都靠使錢，由他們統統包辦生活。要是他們消失，我們便會渴死、餓死。我們這輩人，已沒能力建立比較人性化的生活；我們的成長只能圍繞住房、城市、消費這種模式；只懂批判，卻無能力張羅的生活，什麼也不會做。」

為了實踐真正生活的第一步，2010 年 2 月立春，他與友人租地耕種，成為農夫。以農為業，是因為接觸農夫後，了解農業的重要性。

「香港的農業曾經很興旺，有很多農夫，也很多生產；後來因為社會及政治，香港農業漸漸走下坡，但香港人沒有因此少吃了食物——香港沒有農夫，誰來種東西？香港人吃什麼？這惡果又由誰來承擔？」這些詰問，大家都知道答案，只是沒有人願意承認。

耕田炒股，不能並存

於是周思中選擇當農夫，作為生活重整的志業。他每星期大約有四天在菜田耕作，其餘日子則到大學教書及處理其他工作。他不是一般的全職農夫，也不是假日農夫，而是半農半X。他心目中的半農半X，並非星期一至五返寫字樓，星期六、日才以打理農田作消遣減壓的玩意兒。

他認為耕田跟另一份工作的性質，不能互相盾甚或割裂。「耕田又炒股票，是不可能的。我教學、搞工作坊、講講座，內容全是圍繞香港農業以及以食物生產建立生活的各方面；教書的內容，儘量把農業的主題放進去，那麼學生下課，去吃飯、走入大自然，又或跟人分享，都能把所學的運用到生活中。可是炒股票卻不是生產行為，只是錢搵錢，跟耕田的意義完全相反。」

半農半X，生活歸一

把生活重點跟所有工作聯繫，避免做跟重點無關、只出賣時間賺錢的工作，就是周思中半農半X的生活規劃。

既然手所作的，都是自己所定下而又喜歡的工作，那自然不用再重複那返工放工、行屍走肉的痛苦輪迴。「以前我曾在 NGO 工作，工作有意義，但工時長，也很忙碌，能下樓吃飯已算鬆一口氣。可是今天我已沒有公餘、工作觀念；不會有由家裏走往農田很沮喪，回家便很開心的感覺。而且我算是晏起身，早上 8 點才下田，中午摘些菜煮麪吃，下午再務農，入黑便回家煮飯。」可是還不免要問他一條既現實又無知的問題 —— 耕田能賺錢維生嗎？

他只笑笑口，沒有奮力抗辯。「我不懂答這問題。當別人問我耕田能否賺錢，究竟他是想 discourage 眼前的人務農，抑或出於關心，覺得我應該做更勁的事？還是仍覺得世界不應有農夫，耕田是很落後無謂？」

是的，既然天天在做生產者，那還用再問？重整生活，就是要改變你和我那根深蒂固的心態。

原載於《Breakazine030 設計生活》（by Gi）

黃岳永——人生投資之道

創業學教授 / Dreamstart 共同創辦人 / 初創企業導師

「如果有人說你要用 150% 時間，專注做好一件事，這是不對的。你所有心神放在一個籃子，往往疏忽了所愛的人，甚至賠上健康。」

我並不是一出來工作就是當斜槓職人，畢業時我是在矽谷起步的，我做的是全職工作，不只 100%，而是 150% 投入工作。

投入 150% 卻不歡而散

2000 年手機打入市場，影響一般的人生活。那一年，我看《二十世紀殺人網絡》（*The Matrix*）時，見奇洛李維斯（Keanu Reeves）手持綠色 Nokia 手機——全球第一部具上網功能的手機，認為手機發展潛力無限。我和四位生意夥伴，創立創科公司 Magically，在矽谷開始，然後在歐洲拓展業務。Magically 對世界的重要貢獻，就是成功開發 Virtual Card（簡稱 V. Card）和 Virtual Candela（簡稱 V. Candela），使手機資料可以從一部手機轉去另一部手機，不用逐一重新輸入，省時方便。這種類似 iCloud 的概念，說的可是早在 2000 年的事，唯當時網絡速度未能配合。2002 至 2003 年，業務發展如日方中，我們和手機製造商簽約合作，後來迫使其他公司都採用同一制式；同期，Magically 在歐洲上市。

那時我在三藩市、倫敦、巴西、東京、香港、新加坡設立公司，一年飛 13 次，環遊世界。我領會，人只要向一個方向飛，向西飛，就沒時差，最多每天少睡兩小時。當時我用 150% 的時間和心力投入公司，每分每秒甚至做夢也想着公司事情。

直至 2000 年，父親患病，醫生說可能僅餘三個月壽命，於是，我答應父親每月回港一次，找一個好地方一起吃飯。我逐漸從 150% 的工作中，抽取時間給家人，沒料卻惹來夥伴不滿，加上內鬨，結果拆夥收場，創科公司就這樣結束了。

現在我不會再做 CEO，因為不值得；雖則人人都有個價，但講的不只錢，也包括家人關係及身體健康等。如果有人鼓勵你 150% 投入工作，千萬不要上當，因為你要賠上的是自己的健康、情緒、家人和一切你珍惜的人。

由失衡到平衡

回憶起 2003 年底，父母雙雙患重病，當時公司以英國倫敦為基地，難以經常往返，對所愛的人照顧不多，內心不安。2004 年，父母離世，我感到人生失平衡，被拖垮，開始反思人生。

這一年，我結婚，真的要學習珍惜家庭。同年，遇上大學時認識的朋友，他邀請我到他的家族企業中擔任 CEO。創科公司為我帶來財富，生活無憂。本來打算退下來，開展斜槓人生。我出任朋友公司的執行董事及副主席，同時展開斜槓人生。那時每星期工作四天，餘下一天做我認為重要的事，譬如擔任天使投資者、扶持一些初創企業、協助人成為創業家；還有我一直教學，以及做傳媒工作 —— 為報章、雜誌寫文章，和電視台合作。

雖沒全時間投入，但也算是不負所托，令公司成功復牌。

有一年我獲香港電台邀請拍攝探討貧富懸殊的電視真人騷《窮富翁大作戰》，親身體驗垃圾工人的工作、住籠屋。猶記得當時住的木籠，有攝氏 37 度高溫，木蝨在隙縫中爬出來。未吸人血前，木蝨如芝麻般細，吸人血後變大；我用手指壓死牠，看見牠肚裏約 400 條白色幼蟲。

真的沒有想過，香港這個奢華的城市，仍然有人活在如此惡劣環境。體驗過後，我以新角度看貧窮問題，對貧苦大眾有新的看法。那時感到信仰的呼召，我決定進入社福界，打一場被認為是「不能贏」的仗，敵人的名字叫「貧窮」。從那時開始我離開 CEO 的工作，正式成為斜槓工作者。

T 軸創業家

正如我前文所講，我也是以 T-model 為本。我的核心和信念，是希望更多人成為創業家。創業家不是指人人都要開公司，而是具備創業精神。我相信未來是個瞬息萬變的社會，人必須具備創業精神，包括：設計思維、冒險精神、肯試不怕錯、創新創意、解難能力等，唯有這種精神，才能面對未來世界。這個精神無法教授，但人可以藉處境去傳遞和學習。

所以我現在做的各種事都是圍繞這個為軸心的。我可以創造一個環境，令人們從中學習。現時我是十多個年輕 CEO 的導師（Mentor），同時與校長開創一個給中小學生的 Dreamstarter 計劃，也在大學教授青年人創業學，引介不少創業者向學生分享創業歷程。至於我的 social career 則是扶貧和幫助人參與社會工作，做義工配對。

這是我個人的平衡系統，我相信把所有資源集中一處，風險是太高了。倒不如以一個核心信念為中軸，分散投資，平衡人生各種需要，這才使人生得到更高的成功機會。

【Slash】

尋找人生方向的途徑，發揮各種才能與志趣的平台，平衡不同生活需要的方式……你也可以有自己的斜槓故事，首先請你找到自己的人生目標。

【鳴謝】

Trial and Error Lab

透過共享工作空間、Trial Academy、工作坊及其他創意企劃，凝聚 18-35 歲希望投身文化創意產業的青年人，成為一班敢於嘗試與撞板、為個人與城市帶來出路的夥伴。

《突破書誌》Breakazine

#047《未來工作想像指南》及 #030《設計生活》。